感情は「5秒」で整えられる

一流のビジネスマンが実践
仕事はメンタルで決まる!

元トラック運転手の
心理カウンセラー
鈴木雅幸
Masayuki Suzuki

プレジデント社

はじめに

この本を手に取ってくださったあなたに質問です。

落ち込んだ気持ちが解消される、乱れた心がスッと落ち着く……そのために、一体どのくらいの時間が必要だと思いますか？


答えは「5秒」です。

5秒あれば、人の心は変わります。逆にいうと、人の心が本当に変わっていく瞬間というのは、実は、5秒という短い時間なのです。


「気持ちを切り替えたい」

「少しでも早く立ちなおりたい」

私たちは日々、仕事のストレス、職場の人間関係の悩みなどとともに生きています。ときには深い挫折感を味わうこともあります。

何か事が起こるたびに、気持ちがブレたり、悶々とした気持ちを引きずったり、将来に向けて言いしれない不安に襲われたりもします。

そんなとき、そうした気持ちを早く前向きにしたいと思うもの。なぜなら、瞬時にメンタルをプラスに切り替えて、仕事をテキパキこなし、いろいろな立場の人たちとしっかりとコミュニケーションをとっていかなければならないからです。

そして何より、

いつも笑って過ごしていきたい。


そうは思いませんか？　悩んでいるヒマなどないのです。

しかし、そうした思いとは裏腹に、モヤモヤした気持ちはなかなか切り替えられないことも多いでしょう。メンタルが落ち込んでどつぼのときは、仕事や人間関係を前に向かせることが難しいのです。

私はこれまで、**5000回に及ぶカウンセリング面談（8割以上がビジネスパーソン）をしてきました。**それこそ、小学生から60代までの男女、さまざまな人たちのご相談に乗ってきました。最近では一流ビジネスマンからのメンタル相談が急増しています。そこから、人はなぜ悩み、落ち込むのか？　困難を克服し、挫折から立ちなおるにはどうすればいいのか？　そのカギといえるものが見えてきました。

失った自信を取り戻し、落ち込んだ気持ちを回復させる。そして、さらには気持ちを前向きにし、これまで以上の力を発揮する。そのために必要なのは何でしょう？

答えは「感情」にあります。

私たちが落ち込んだり、不安になったりするときというのは、否定的な感情が起きているときです。悲しい、苦しい、怖い、寂しい、焦り、いらだち、無力感、絶望感……これらはすべて感情の状態です。

そして**こうした不安定な感情の状態が整うのに要する時間というのは意外に短いもので、ものの5秒もあれば、ガラッと変わるのです。**

もちろん、そうした転換点に達するまでには、ある程度の試行錯誤は必要です。

しかし、そうした試行錯誤が確実に感情の安定をもたらすカギは、あなたのものごとの捉え方にあります。つまり、

ものごとの捉え方が変わった瞬間、感情は一瞬で整うのです。

本書では、そのためにどんな捉え方をすればいいのかまで、お伝えします。**感情が整うためには、ものごとに対する自分の捉え方に気づくことがカギです。**私たちは、自分がものごとをどう捉えているかについて、思いのほか気がついていないことがあります。無意識のうちに自分流の捉え方をしてしまっているものなのです。

ある事例を紹介してみましょう。

大手メーカーの若手管理職・Uさん（35歳男性）は、仕事が思うようにいかずに悩んでいました。職場の人間関係も最悪で、そのイライラを家族にぶつけ、家族ともギクシャクしていました。

自分は何をやっているのだ。一体どうしてこんなことになってしまったのか。そんな悶々とした気持ちで日々を過ごしていたといいます。

Uさんのそうした気持ちや人生観が変わっていったのは、ちょっとしたことがきっかけでした。

それまでは自分の仕事がうまく運ばず成果も出ないので、周囲から冷ややかな目で見られているに違いないと、Uさんは思っていました。

ある日のことです。仕事でミスをしたUさんを、職場の同僚たちが一生懸命カバーしようとしてくれたのです。励ましてくれたり、穴埋め作業をしてくれたり……。その光景に、**Uさんは周囲が自分を冷ややかに見ているという思い込みは間違っていたのではないかと、気づかされたのです。**

家に帰ってその話を奥さんにすると、奥さんは泣いて喜んでくれたそうです。

一連のこうした出来事によって、Uさんの周囲に対する否定的な捉え方は一変したのです。

家族も含め、まわりの人たちは、自分を下支えしてくれていた。そのことが見えなくなっていた自分に気づいたのです。

その話をしているUさんの頬《ほお》に、涙がつたっていきました。

決して自分はまわりから不要な人間だと思われてはいない。そのことに気づいた瞬間、Uさんの精神状態はガラッと変わりました。表情、語り口、醸し出す雰囲気も、その瞬間にパッと変わったのが、周囲の人たちにもわかりました。
その後、Uさんの仕事ぶりは一変しました。自信がついたのでしょうか、徐々に結果も出始め、職場の人たちとも良好にコミュニケーションがとれるようになったのです。
Uさんの例のように、あることがきっかけで、自分が無意識に持っていたものごとに対する捉え方が変わります。

捉え方が変わった瞬間に、ささくれ立ち、不安定だった感情が瞬時に安定したのです。

人が何かに気づき、ハッとして得心し、腑に落ちて、霧が晴れる……そういう気持ちの変化には、5秒もあれば十分です。

人が変わるとは、ものごとに対する捉え方が変わること。捉え方が変わることで感情も整ってきます。

「最近、あの人、変わってきたよね、良くなったよね」

職場などで、そういうふうに感じた相手はいないでしょうか？　その人も、実は、感情を上手にコントロールすることを覚え、ここでいう「心のリセット、５秒の変化」を経験しているに違いありません。

仕事をきちんとこなす。
人間関係を良好にする。
そのためにメンタルというのは非常に大きな影響を及ぼす。

そういうことが、以前にも増して注目されるようになってきています。

厚生労働省により、２０１５年の12月から、50名以上の企業にはストレスチェックの実施が義務化されました。こうした大きな動きも、**ビジネスとメンタルの関連性が重要視されるようになった表れ**ではないでしょうか。

本書は、変化を続ける社会的ニーズの高まりにも応えうるものだと思っています。そのために、事例を織りまぜながらの構成としました。

ただし、カウンセラーには守秘義務がございますので、事例の紹介は、複数の事例の共通点、典型的な傾向を組み合わせて、1つの事例として掲載する形をとらせていただきました。

本書でご紹介する考え方や工夫を取り入れれば、後ろ向きだった気持ちを前向きにし、心のなかの不安を解消することができます。読み進むにしたがって、新しい芽吹きのようなものを感じられるはずです。

神経をすり減らしながらも、あらゆる場面を乗り越え続けている方々にとって、本書が、感情を整え、一流のビジネスマンとしてのパフォーマンスを高め、人生を切り拓くきっかけになることを切に願い、はじめにとさせていただきます。

なお、本書を上梓するにあたり、多くの方々のご尽力とご協力を賜りました。この場をお借りして、厚く御礼申し上げます。本当にありがとうございました。

２０１６年５月

心理カウンセラー　鈴木雅幸

感情は「5秒」で整えられる ―― 目次

もくじ

第5章 葛藤を乗り越えて、心を軽くする感情の整え方

第1章

人間関係は感情のコントロールで決まる！

1

相手との間に生まれた心地良い感情を大切にする

同じ言動をしていても、自分の心の奥にある感情によって相手に伝わる印象は大きく変わる。

人間関係というものを避けて生きていくことはできません。かの文学者・小林秀雄も、私たち人間にとって関係こそが絶対的なものだと書いているように、私たちは、人間関係のなか、それも互いの感情をぶつけあいながら生きています。

ゆえに多くの人が人間関係に悩んでいるのです。では、なぜ私たちは人間関係でつまずき、悩んでしまうのでしょうか。

例えば、次のようなマイナス感情を抱いたことはありませんか。

「あの人のところには人が集まるのに、自分のところには、なぜ人が集まってこないのだろう。あの人には友達が大勢いるのに、自分にはどうしてあまり友達ができないのだろう。同じような言動をとって、同じような関係のなかにいるのに、どうして自分だけ人から避けられてしまうのだろうか」

同じシチュエーションで、まったく同じ言葉を発したとしても、まわりの受け取り方がまるで違うといったことは、実際によく起こります。では、なぜそのようなことが起きるのでしょうか。

自分としては同じ言動をとっているつもりなのに、あの人と私では相手の反応・態度が違う。こうした悩みを相談しにくる方が実に多いのです。

なぜそんなことが起こるのかというと、それは伝えるときの自分の感情が大きく影響するからです。

例えば、**伝えるときの自分自身の心が喜びの感情で満たされていると、その心地良いフィーリングが相手に伝わっていきます。そして、そのメッセージを受け取った相手も心地良さを感じ、相手の言うことを素直に（心地良く）聞ける**のです。

一方、心のなかに葛藤や大きな不安、不満、寂しさといった不快の感情を抱えていると、どのような言動をとったとしても、「その不快感」が相手にストレートに伝わってしまうのです。それを要約すると、

「人と人というものは、言っていることや行っていることよりも、それをどんな感情で表しているのかというフィーリングのほうが、相手には強く伝わってしまう」

ということです。

つまり、いかに同じ言動をとろうとも、その人が内側に抱え込んでいる感情は自然と醸し出され、まわりに漂ってしまいます。そのため、まわりの人の受け取り方が違ってくるのです。

ですから、あなたがいくら見た目で優しく相手に接しているつもりでも、心のなかで人に対する不満や不信感が強ければ、その負の感情が一緒に相手の心に伝わってしまうのです。人に対しての不信感や不満、不安、寂しさ、怒り……こういった感情は、相手には確実に伝わっていることを、まず認識してください。

「あの人はいい人なんだけど、一緒にいるとイライラするなあ」

こう受け取られてしまう人の場合、次のようなことが考えられます。

「表面的には相手に気を使って接しているにもかかわらず、深層心理としては相手に心を開いていない状態。その心を開いていない状態が、相手には『拒絶』というフィーリング（メッセージ）となって伝わってしまう」

つまり、心のなかにある不安や不満、怒り、嫉妬、寂しさといった感情がうまくコントロールされないまま残っていると、私たちの心は人に対してどこか閉ざされた状態になっているわけです。

ですから、**相手が心を開ける状態にするには、まずあなたが自分のことを好きになり、喜びや感動、感謝といった心地良い感情をできるだけ増やすよう日々心がけること**が大切になるのです。そのために効果的な３つの方法をお勧めします。

①自分１人のときに、できるだけ自分の好きなこと、楽しいと感じること、感動することをして過ごす。
②そうした時間を過ごして得た心地良さを持って、人と接する。
③さらには、すでに心地良い感情を持っている人とできるだけ接するようにする。

動物と人間の心理原則に〝快と不快の原則〟というものがあります。つまり、人間も動物も、「快を求め、不快を避ける習性がある」ということです。これは本能ともいえるものです。

したがって、**自分の心のなかを快が占めているのか、不快が占めているのかによっ**

て、自分の気持ちだけでなく、人間関係まで変わってきてしまうのです。心のなかにある快や不快が、相手の心のなかにもしっかりと伝わってしまう……これは、人間関係の基本的な法則の１つだといえます。

あなたはそうした法則を意識しているでしょうか。この法則を意識して人と接しているかどうかで、人間関係のあり方は大きく変化します。上手に活用することができれば、人間関係でつまずく度合いは減るのです。

自分の心に問いかけてみましょう。快と不快、あなたはどちらが多い人なのでしょうか。快が多いのであれば、もっと多くするよう心がけてください。不快が目立つのであれば、前述の３つの方法で、ぜひ不快を快に変え、心を喜びと感謝で満たしてみましょう。

考え方のヒント

心のなかにある快や不快の感情は、どんなにとりつくろっても相手の心に伝わることを知っておこう！

2

劣等感を克服できる人、できない人

人からの評価は関係ない。
自分の価値は
自分の好きなことから見つけよう！

人間関係がうまくいかず、それが劣等感という感情につながる人は多くいます。そういう劣等感の強い人のなかには、なぜか自分の苦手な人や嫌いな人からどう思われているか、そういう人たちから嫌われているに違いないと思い込んでいる人が多いのです。

では、なぜ、そうした思いにとらわれてしまうのでしょうか。

私たち人間は、自分に自信がないと、人から自分がどう思われているかばかりが気になります。だから人から嫌われることをとても恐れてしまうのです。

人に嫌われたくないという思いが強いために、すべての人に対して、自分には愛想良く接してほしいと願ってしまいます。

さらに苦手な人や嫌いな人に認めてもらうことによってしか、自分の存在価値がないと思い込んでしまい、人から良く思われようということに神経をすり減らしてしまうのです。

まとめると、次のようになります。

「苦手な人、気難しい人、とっつきにくい人、そういった人にまで認めてもらうことによって、初めて自分の存在価値が上がり、劣等感を克服できると無意識のうちに考

えている」

また劣等感の強い人は、目標や理想を高く掲げすぎてしまう傾向があります。本来は劣等感を克服するには、自分のできること、無理せず達成できそうなことから取り組むのが効果的であるにもかかわらず、自分のできないこと、苦手なこと、つまり自分が劣等感や短所だと捉えていることがらについて、背伸びをして必死に克服しようとするわけです。これも劣等感の強い人に共通する傾向です。

あの有名な経営哲学の神様といわれたピーター・F・ドラッカー博士が、以下のような面白い指摘をしています。

ドラッカー博士は、**自分の弱みを人並みのところまで持っていくには、自分の強みを伸ばすより何倍もの労力を必要とする。だから、自己の強みを伸ばすことに、努力とエネルギーを集中させるべきだ**というのです。

つまり、

「弱みや短所、劣等感というマイナスの感情を無理に克服しようとするのではなく、自分の強み、長所、得意なことをどんどん伸ばすようにしたほうが、はるかに早く、少ない労力で、目指している自己実現が可能になる」

ということになります。換言すると、**劣等感を克服する最善の方法は、劣等感を克服しようとしないこと**だといえるのです。

自分の存在価値というのは、最終的には自分自身で見つけ開発していくものです。誰かに好かれたら価値があって、誰かに嫌われたら価値がないというものではありません。

自分の価値をはかるために人間関係を結ぶのではなく、自分の好きな人、会いたい人と積極的に付き合い、そのとき感じるふれあいを素直に喜ぶことが大切なのです。それがひいては人間関係を改善することにもつながります。

考え方のヒント

強み、長所、自分の得意なことを見つけ伸ばすほうが、はるかに少ない労力で、自己実現が可能になる。

3

人間関係での傷は人間関係によってのみ癒される

毎日の人間関係がつらい？
それは喜びを感じられる人との
出会いに恵まれていないから……。

私たちは人間関係をつらく感じることがあります。しかし本来、人間関係というものは、心がけと考え方次第で生きる喜びを感じさせてくれるものに変わります。人間関係があるからこそ、生きる喜び、愛、友情、家族、幸せ、夢の実現などがあるわけです。

特にビジネス上の人付き合いなどは利害がからみ、その関係が深まれば、苦労も増え、さまざまな劣等感が生まれることもあります。それがいろいろな形で作用して、私たちを苦しめるのです。しかし、これだけはいえます。**「人間関係によって受けた傷だからこそ、それを癒せるのもまた人間関係だ」**ということです。

もしあなたが、**人間関係に喜びを感じられないとすれば、それはあなたが、喜びという感情を共にできる人間関係を得る機会に恵まれていないから**です。身をもって実感できるような経験が乏しかったからに違いありません。

【克服事例】大切なのは実行する意欲!

30代女性が相談に訪れました。彼女には「一緒に食事をしたら楽しいだろうな」と思える同僚がいたのですが、生来の人見知りと人間関係をつくるのが下手だとの思い込みから、どうしても声をかけることができませんでした。

誘わなければ相手は気づきません。ずっとコンタクトを取れずにいたのですが、あるとき思いきって誘ってみました。誘ってから会うまでの数日間、上手におしゃべりをして、相手を退屈させずにすむだろうかと、気をもんでばかりいたそうです。

ところが、会って話し始めると、「思いのほか楽しめている自分」がいることに気づき、彼女は驚きました。**「あっ、私、楽しんでいる!」と思った瞬間、〝自分はダメな人間だ、一緒に食事を楽しんだりする資格がない〟と思っていた自分が、バカらしくなった**というのです。**「そんなことだから、これまでチャンスがつくれなかったんだ」と、心底感じた**というのです。

理屈ではわかっていても、機会に恵まれなければ、気づき実感することはできません。人間関係も、体験し実感して初めて心から納得できるものなのです。

その後、彼女は、ものごとへの考え方・捉え方が大きく変わって、自分がしたいと思うことは、言葉にしたり行動したりできるようになったとのこと。今では苦手な人ともう少し積極的にコンタクトを取りたいと思っているそうです。

いくら心理学の本を読んだり自己啓発のセミナーを受けても、体験が伴わなければ人間関係は学べません。**人間関係は実感を通して学べるものであり、人間関係を結ぼうとするプロセスのなかでこそ、身につくもの**なのです。

心穏やかな人、人やものごとの好き嫌いがあまりない人、自己主張ばかりしないで人の話をゆっくり聞いてくれる人、夫婦仲の良い人、子育てが上手な人、子供に好かれる人、子供好きな人、男女の分け隔てなく接する人、人に何かしてもらいたいとか人に認められたいという気持ちや行動が少ない人……このような人が、もし、あなたの職場やプライベートで身近にいるのなら、ぜひ接触する機会を持ってみてください。そういう人は、あなたを拒絶したり、冷たい態度をとったりはしません。

そうした心ある人との交流によって、徐々に楽しい人間関係を実感でき、あなたの心は悦びで満たされ、人間関係や人生がゆっくりと好転していくことでしょう。

考え方のヒント

人間関係の豊かさは、それを体験することによってのみ得ることができる。尻込みするのは今日で終わりに！

4

「小さなこと」こそ、人間関係では「大切なこと」

ちょっとしたひと言で
人間関係が良くなるように
気を配ってみる。

人間関係を築くうえで最も大切なツールが「言葉」です。

言葉に気をつけてコミュニケーションをしないと、**会話中に発したほんのささいなひと言がビジネスの明暗を分けたり、友人との間に亀裂を生じさせたりといったことも起こります。**

あとで「そんなつもりで言ったわけではないのに、あのひと言によって相手との関係が一変してしまった」と、いくら悔やんでも、なかなか修復できないことが少なくありません。人間関係というものは、そうしたデリケートで繊細な難しさをはらんでいます。

私も会社組織で活躍されている方や学校関係者など、さまざまな人たちと接する機会を持っていますが、どんな相手に対しても、発するひと言に細心の注意を払っています。実際、私のたったひと言によって、長年かかって培ってきた信頼を失うこともあったからです。

私も人間ですから、つい不用意なひと言を口にしてしまい、微妙な印象を相手に与えてしまうといった失敗を幾度となく経験しています。だからこそ、そうした経験から学び、失敗を生かす発想で再び挑戦しなければと、自分に言い聞かせて人と接していくように心がけています。

私が肝に銘じているのは**「人間関係にとって小さなことが、実はとても大切なことにつながっている」**ということです。

小さなイライラから出たひと言、小さな負の感情からとった行動によって、ある人の目にはそれがあなたのすべてであるかのように判断されることもあるのです。本当に厳しい話だとは思いますが、それが人間関係というものなのです。

逆に考えると、これは**小さなことによって人間関係が好転することをも意味しています。**

人間関係をいい状態に保つためには、たったひと言に細心の注意を払う。そういう気持ちで人に接するくらいで丁度いいのです。そう考えると、多くの人たちが不用意な発言をして相手に不快な感情を抱かせていることに意外と気がついていないように思います。ほんの少しでも**自分の発する言葉に注意を払うようにすれば、無益な衝突や誤解は避けられる**と、私は考えています。

私はスクールカウンセラーとして5年間、教育の現場で「会話」や「対話」という観点から、さまざまな場面を観察してきました。

児童同士、保護者同士、教師と児童、教師と保護者、そして教師同士の間で交わされている会話の内容を詳細に検討してみると、やはり言葉の選び方などには相当検討の余地を感じます。

これは学校に限ったことではありません。ビジネスはもちろんのこと、家庭でも、地域のコミュニティーでも、同様のことがいえます。

「人間関係では小さなことこそ大切なことである」

この言葉をいつも意識し、**自分が会話のなかで口にするひと言に、細心の注意を払うようにする**といいでしょう。

「口は禍《わざわい》の門《もん》」といいます。しかし、コミュニケーションがなければ人間関係が成り立たないのも事実です。禍《わざわい》のもとにもなるが、私たちを幸せにするのもコミュニケーションの効用です。注意を払って払いすぎることはないように思います。

考え方のヒント

口にするひと言に細心の注意を払う……話す前に、言葉をじっくり吟味。それくらい自分の言葉や行動に気を配ると人間関係が変わる。

5

「嫌われたくない」という思いを今すぐ捨てる

目先の損得にとらわれて、つい保身に走るような言動をしていませんか。

相手によって強い苦手意識を持つ、また目の前で起きる出来事によって自分の言動にブレが生じる……**自分に自信が持てないことによって、私たちは実に多くの機会を失ったり、本来なら生じることのないトラブルを誘発したり、問題を悪化させるような事態に直面する**ことも少なくありません。

また、私たちは目先の損得にとらわれて、心に迷いが生じることが多々あります。あたかも迷路に迷い込んで右往左往しているかのようです。

では、どうすればいいのでしょうか。それは自分の判断基準（信念）を持てるかどうかがカギとなります。人は見ていないようでいて、信念がある人かどうかも含めて、あなたのことを評価しています。そして、あなたとどのような関係を築けばいいかを絶えず判断しているのです。

もし**「あの人は信念がある」と思われるようになりたいのなら、まず「自分は今、何をなすべきなのか」を明確にして自分の中心に据えることです。そして、なすべきことを完遂させることに集中する**のです。それができれば、必然的に言動に一貫性が出てくるし、それを見ている人も、「信頼できるな」と感じるでしょう。

〝相手に嫌われたくない〟というところに基準を置くと、どうしても言動に一貫性がなくなります。また、波風を立てたくないという思いだけで動けば、穏便に事をすませることのみに終始するようになります。自分がものごとを判断する際の基準を持つ。その基準をもとに決断と実行を繰り返すことで、その基準が信念に変わります。

【克服事例】確かな判断基準を持つ

ある一流企業の管理職の30代の女性が、部下に自信を持ってものを言うことができないと相談に訪れました。

社内の会議などでも、他の管理職は活発に発言しているのに、自分は発言できない。部下に指示・命令が必要なときも、どこか自信が持てないままだと言うのです。そんな自分に、本当に管理職を務める資格があるのかと悩む毎日だとか……。

話を聞いていても、特に自信を失うような経験をしたわけではなさそうでした。でも本人は、なぜ自分は自信が持てないのだろうと、ずっと悩んできたそうです。

試行錯誤の結果、なぜ自信が持てないのかなんて考えてもしょうがないということに気づきます。そして「仕事のやり方や実績が有る無しではない。人からどう評価されているかなんて関係ない。大切なのは、自分が上司として責任を果たそうという『覚悟』を決めることだ」と決心したのです。

その結果、少し勇気を出して会議などで発言してみると、思いのほか、その発言が、周囲から認めてもらえたというのです。

「今まで自分の能力で無理だと思い込んでいただけでした。自分の気持ち次第でした。どこかでわかっていたのかもしれません」

と彼女は言っています。

これまで、心のなかにある不安が周囲に伝わってしまっていたために、まわりの反応もいま一つだったことにも気づきました。何を言うか(するか)も大切ですが、どんな意識や判断基準を持ってものを言うかも大切です。

この方は「自分の役割と責任」を軸に据えてものを言うことの大切さに気づいたことで、発言にも一貫性が出てきたわけです。

最後の面談のときの、腹が据わった感じの顔つきが印象的でした。

自分は今、何をなすべきなのか？

例えば、スクールカウンセラー時代、現場で私のなすべきことは明確でした。それは子供たちの心の健康を守り、充実した生き方や人間関係を経験して成長してもらうために、ブレることなく正しい選択をすることです。これが学校という現場で私が持ち続けた信念です。

そのために、あるときは保護者を支持し、あるときは耳の痛い進言もします。教師と連携したり、ときには真剣に話し合い、真の解決の道を探ることもあります。また、離れたところから見守るようなこともあります。実際の行動はこのようにいろいろな選択を迫られますが、なすべきことは一貫して同じなわけです。

たとえ相手によって態度が変わるような印象を与えたとしても、そこに一貫した信念があれば、私はまったく問題ないと思います。

「たとえ相手への接し方が、そのときどきで変わったとしても、それはそれでいい。自分のなすべきこと＝ゴールを心の中心に据え、信念を持って事にあたる姿勢があるのなら、そこには一貫した軸が存在している」

ですから、自分に次のようなことを問いかけてみるといいと思います。

「自分は自分の仕事が会社にどのような貢献をし、そのために何をなすべきか」
「自分たち夫婦が幸せに過ごすために何を大切にし、何をなすべきか」
「自分はどんな人間を目指し、そのためにどう生きるのか」

自分の決断に迷いが生じたら、常にこの質問を自分にぶつけてみてください。なすべきこと（何をすべきか）が見えたら、やるべきこと（どうすればいいか）も見えてくることでしょう。

そして、あなたに一貫性が出てきたときこそ、それは信頼を獲得する強力な武器を身につけたときにほかならないのです。

考え方のヒント

何をすべきかというゴールがわかれば、どう行動すればいいのかがわかってくる。そうして一貫性を身につけよう！

6

過去に起きた出来事は変えられない

人間関係だけでなく、あらゆるものごとには、揺るがない原則がある。

人間関係には揺るがない原則というものがあります。

例えば、次のようなものです。

「人は基本的には自分自身に最も興味・関心がある」

「人は基本的には自分（内面）を他人に変えられることに脅威を感じる」

これは不変の原則といえます。これを念頭に置いて人と関わることで、自らの不用意な動き方を抑制できるし、自分をわかってもらうための働きかけも適切にできる可能性が高まります。

また、揺るがない原則があるというのは、なにも人間関係に限ったことではありません。すべてのものごとにはこうした揺るがない原則があるものです。

例えば、次のようなことです。

「過去に起きた出来事を変えることはできない」

「この世界には人間の努力ではどうしようもない出来事がある」

「人は必ずいつかは死ぬ。だからすべての出会いには必ず別れが訪れる」

こうした原理原則を中心に据えて、生き方や処世を考えていくことは実に大切なことです。

不変の原理原則……つまり、揺るがない原則に従って自分の言動を選択していくようにすれば、周囲の人たちは「あの人のものの見方・考え方、言動はいつもブレない」と思うようになり、結果として、信頼を獲得することもできるのです。

次のような原則もあります。

「人の心を変えることはできない。変えられるのは自分自身だけ」
「約束には2種類ある。1つは他人との約束。もう1つは自分自身との約束」

確かに人を変えるのは難しい。しかし、自分のことは自分がよく知っているのだから、変えることはできる。当然といえば当然のことです。

また約束については、『7つの習慣』の著者であるスティーブン・R・コヴィー氏は「自分との約束を守るということが真の誠実さだ」と述べています。自分との約束を守る人なら、当然のように、他人との約束も守るはずです。自分との約束において、約束を守ることの大切さを痛感しているはずでしょうから……。

こうした揺るがない原則に、自分の直面している問題や経験を照らし合わせて、一つ一つ判断をしていけば、その判断は必ずや確かで正しい選択・言動へとつながっていくことでしょう。

そして、そうした言動は周囲の人たちの感情にも影響を及ぼします。なぜなら、**1人の信念を持った人間の確かな言動は、まわりの人たちや環境にも、ゆっくりと影響を与えていく**ものだからです。

考え方のヒント

揺るがない原則に従い信念を持って判断すれば、その言動は周囲の人たちの心や環境にまで影響を及ぼす。

7

すべての人に公平に接する

愛される人は、
どんな相手にも態度を変えず、
一貫した言動で接している。

私たちには守るべき道徳というものがあります。それは本来、教えられるものではなく、私たち一人ひとりが自分の経験のなかから、長い時間をかけて体得するものです。それは学校の道徳の授業だけで身につくものではありません。

もちろん学校での道徳の授業がまったく意味をなさないなどと言うつもりはありません。ただ、教える側は、簡単に伝えられるものでもなく、まして手っ取り早く身につけられる種類のものでもないということを、お伝えしたいのです。

例えば、人によって態度を変えない、公平に接するということがあります。**すべての人に公平に接するとは、要するに人によって態度を変えないということです。別の言い方をすれば、どんな相手に対しても一貫した態度や感情を持って接するということ**にほかなりません。

これも１つの道徳といえるでしょう。もちろん、いざこれを実践するとなると大変です。しかし、そうした態度をあなたが貫いていくことができれば、ゆるやかにではありますが、着実にあなたは信頼される人間になります。

人間同士の間で信頼関係が生まれ、良い付き合い関係を築き上げるには、それ相応の時間が必要です。その時間とは、人間同士が向き合い、相手のことを理解し、相手の一貫した態度に共感するまでの時間を意味します。結果として、そこから真の心の交流が生まれてくるのです。

例えば、そこにいない人の陰口を言ったり、面と向かって言うことと相手がいないときに言うこととが違ったり……そんなことがあったら、あなたはその人を信頼しますか。そういう場面に遭遇したとき、あなたはどんな態度をとっているでしょうか。まさに、あなたの一貫性や信頼度が試されている瞬間でもあります。

では、次のような態度はどうでしょうか。

そこにいない人の良いところを「私は、あの人のああいうところを見習いたいと思う」と言ってみる。それも心からそう思って言う場合です。そして、人の陰口が始まったらソッと席を外す……。

メンタル的にとても大人の態度だと思います。そうした態度を貫くことができれば、たとえ一時的な反発はあっても、やがてその反発を超えて、そんなあなたを見ている人は信頼を寄せるようになります。

「そういえば、あの人は目の前にいない人のことを軽々しく話さない。まして陰口を

言っているのを聞いたことがない」

そう認知されれば、そこにいない当人にもそのことは伝わります。結果として、その人からの信頼も得られるし、そこにいて陰口を言っていた人たちからも、一目置かれる存在になることでしょう。

人間関係をうまくやっていくために、こうした「小さなことを大切にする」「信念を持って事にあたる」「揺るがない原則を守る」「公平に接する」という知恵を持つことは重要です。

短期的にみると、これらを貫くには勇気が必要ですが、長期的にみれば、厚い信頼と大きな影響力を獲得できるのですから、そうした態度は何物にも代えがたい宝物を手に入れることにつながります。

考え方のヒント

誰に対しても一貫した態度で接することで、厚い信頼と大きな影響力を獲得しよう！

8

コミュニケーション能力が身につく考え方

「コンテント」と「プロセス」という2つのモデルを知るだけでも、コミュニケーション能力は高まる。

自分の感情を整えて人間関係をうまくやることとコミュニケーション能力には、切っても切れない関係があります。私たちのビジネスや生活はコミュニケーションによって成り立っているといっても過言ではありません。では、コミュニケーションを上手にしていくためのコツはあるのでしょうか。

コミュニケーションの能力は、子供の頃に基本的なことが身につくといわれていますが、当然、大人になってからでも、その能力を高めることは十分に可能です。そのためのコツを紹介しましょう。

それは「コンテントとプロセス」というモデルです。わかりやすくいえば、コンテントは「何を（Ｗｈａｔ＝内容）」、プロセスは「どのように、どんな方法で（Ｈｏｗ）」という意味に使われる言葉だとご理解ください。

例えば、２人以上で会話をしている場合、まず、**何について話し合っているのか。テーマは何についてなのか。つまり、これはＷｈａｔ＝コンテントです。**仕事でいえば、やっている仕事の内容、目的、会議の議題、話題、話されている内容などです。

次に、**どのような様子でそれぞれが話をしているのか。これがＨｏｗ＝プロセスです。**つまり、そこで起こっていることがら、グループの状況、お互いの心理状態、雰囲気などです。

そこにいるメンバーについて、発言度合い、話した時間、誰が口火を切ったか、どれほど打ち解けているか、関心があるのか無関心なのか、妥協しているのか、理解があるのか、一方的なのか、誰が誰に対してどのような態度をとっているか、楽しげか、開放的か、防衛的か、親密か、儀礼的か、緊張しているか、自由な雰囲気か、まとまっているか、ばらばらか、盛り上がっているか、しらけているか……。

実はコミュニケーションの得意な人というのは、常にこうしたまわりの状況に気を配って適切に対応し、そして鋭く細やかに観察・反応できるのです。

では、どのようにして、そうした状況や空気を読み取っているのでしょうか。それには読み取るための「手がかり」を察知することが必要です。その「手がかり」のことを専門用語で「ＣＵＥ（キュー）」と呼んでいます。このＣＵＥによって、私たちはその場の雰囲気や状況、さらにはそれぞれのメンバーの感情を読み取り、コミュニケーションをとろうとします。ＣＵＥには、目つき、表情、目配り、ジェスチャー、姿勢、まわりへの反応、同意者を求める、反対する、掛け声だけである、けしかける、身を乗り出す、使う言葉が儀礼的、ザックバランである、意図を含んだ表現、語気、語調、論理のやりとりだけ、感情も表出、一方通行、対面通行、あくび、居眠り、視線、沈黙、長い発言、短い発言、声の大きさ……等々。

こうしたＣＵＥを敏感に感じ取りつつコミュニケーションをとる彼らは、常にその場の雰囲気や空気を読みながら、相手やグループ内で自分の居場所をつくるのです。

一方、**コミュニケーションの苦手な人の場合は、プロセスではなくコンテントに意識がいってしまいがち**です。会話をしていても、その人の感情よりも、話した言葉じりや表現、話の内容に対してのみ、知的な反応を起こすことに終始します。そしてその言葉の内容が正しいのか正しくないのか、優秀なのかそうでないのか、合理的なのか不合理なのか、損なのか得なのか……そうした点にばかり意識がいくのです。そうではなく、意識をプロセスのほうに向け、頭で考えるのではなく、メンタルで感じるよう心がけてみる。そして、相手の感情に寄り添う意識を強く持ってコミュニケーションをとってみましょう。

考え方のヒント

相手のメンタルに気を配り、相手の感情に強く寄り添う意識が、コミュニケーションを変える。

9

相手を肯定的に受け入れてみる

相手を否定しない。マイナスの思い込みを捨て、共感できる部分を探そう！

前の項に引き続いて、コンテントとプロセスについてお話しします。コンテント（相手の内容）にこだわる人と、プロセスを見ることができる人とに分かれてしまうのは、なぜでしょうか。

まわりの状況や空気を敏感に感じ取れない人は、何らかの思い込みや偏った見方・考え方にとらわれていて、相手に対して心を閉ざしているところがあるように感じます。**心が相手に開いておらず閉ざしているのですから、そのぶん細かな状況判断ができずに、コミュニケーションに苦労している**といえそうです。

ですから、最初にチェックすべき点は、自分が相手のことについて、基本的にどういう捉え方をしているかという点です。

そして、もし**自分に、相手を否定的に見る傾向があると感じたら、そこを厳しく、かつ自覚的にチェックしていく**必要があります。相手を否定的に見ていては、決して開かれた会話や対応は生まれてこないのですから……。

次に重要なことは、コミュニケーション能力の高い人と会話を重ねることで、あなたの話す能力も高くなるということです。結果として、人間関係は格段にうまくいくようになるはずです。

つまり、**人間（相手）を基本的に肯定的に見ることができる人、信頼感を十分に持っている人との交流をはかる**ことで、こちらの閉ざしていた心が少しずつ開いていくわけです。

私が再三、心に葛藤のない人や心が穏やかでクリアな人との会話をお勧めするのも、そうした理由からです。

【克服事例】現実に目を向ける

心の相談に来られた20代のビジネスマンの話です。

彼は職場にいるとき、常に緊張状態が激しく、上司の指示すらまともに聞くことができませんでした。いつもびくびくしている状態で、それをなんとか克服したいというのが、相談の内容でした。

具体的に最も困っていたのは、上司から指示されたことを覚えておらず、上司によく「それは言ったはずだ。返事もしていたじゃないか」と、指摘されるというのです。当の本人は本当に覚えていないことが多く、とはいっても「覚えていません」と反論するわけにもいかず、一人悶々とするそうです。

相談を受けていくうちに、極度の緊張感のために、上司の言葉が耳に入ってこなかったに違いないということがわかってきました。

なぜそんなことになるのか。彼と話し合っていくと、実は彼の父親がかなりの癇癪《かんしゃく》持ちで、ときどき激高しては怒鳴り散らす人だったというのです。

本当の原因はそんな過去にあったのです。

彼は年配の人や父親に感じが似ている男性を見ると、つい警戒モードに入ってしまい、極度の緊張状態に陥っていたのです。「いつ怒鳴られるのだろうか」ということをいつも気にしてしまい、上司の話をまったく聞けていなかったわけです。

つまり、無意識に「年配の人は自分を怒鳴る存在である」という、否定的な思い込みをしていたわけです。

相談を続けていくうちに、やがて現実に目が向くようになり、上司は自分の父親ではないし、父親にオーバーラップさせて見るのは非現実的だと気づきました。

そのことを焦らずじっくり時間をかけて認識するようになることで、上司に対する恐れも薄れ、徐々に落ち着いてきたのです。

そして、結果として、心の耳をふさぐこともなくなり、上司の指示を正確に聞けるようになったのでした。

この事例でもわかるように、人間関係がうまくいかない人の背後には、いつも葛藤という感情や、それによる思い込みがあるケースが少なくありません。

そういう人は、会話のなかに散見するCUE（手がかり）の存在にほとんど気がつかなかったり、あるいはその存在を知らないケースさえあります。

大切なのは、CUE（手がかり）を認識することであり、むやみに相手を恐れたり否定したりすることではないのです。

人間関係を円滑にしたり、コミュニケーション能力を高めるようなことは、ただ頭で考えたり、本を読んで勉強するだけではなかなかマスターできません。決して論理的に説明できるものではないからです。

ポイントとなるのは、とにかく**感度の良い人、共感能力の高い人と、実際に話して**

みること。そういう人がものごとに対してどのような反応を見せ、どのように言葉を選び、どのように行動するのかを観察してみることです。

もしあなたが、そのような模範にできる人と接する機会を持つことがあるとしたら、そうした体験は、コミュニケーション能力を磨くチャンスだと考えてください。そこはまさに、あなたが望む能力を高める秘訣の宝庫だといえるでしょう。

学べるところからは、徹底的に学んだほうが、結局は「得」だと思います。その意味で、会社という組織には豊富な人材がいます。社内外を積極的な目で見まわして、必ずお手本となる人を見つけられることでしょう。

考え方のヒント

共感能力の高い人と実際に交流を深め、その人をお手本にしてコミュニケーションの方法を学んでみる。

第2章

自分に自信がつけばマイナスの感情もうまく整う

1

自信をつけるなら、同じ本を何度でも読み返す

どんな内容の本でも、2、3度読んだくらいでモノになんかできない。

自己啓発の本やハウツーものなどを読むときには、ピンクの蛍光ペンや赤のボールペンを用意して、重要だと思った箇所に線を引いてください。そして、**線を引いた箇所を中心に、何度も何度も読み返してみてください。**

こうした内容の本は、2、3度読んだくらいで理解できて、モノにできるなどということはまずありません。まして、1度読んだだけでは、ほとんど何も残らないことでしょう。

多くの人たちが、本を1度読んだだけで十分だと思ったり、それで何かを得られたように錯覚しがちです。しかし、実際にはほとんどの内容は忘れてしまうものです。**ものごとというものは、マスターするのには時間がかかる**ものです。素晴らしい内容であればなおさらです。

それを腹の底から実感したり、経験的に確かめていくには、それ相応の時間・年月というものが必要です。

かつて私は、読書を自己変革や自己実現を成し遂げるための手段にしようと考えました。努力を怠らなかったことで、それはある程度達成できたと考えています。では、なぜそれができたのでしょうか。

何度も何度も繰り返し読むことで、頭のなかに叩き込み、加えて実生活で繰り返し実践して、その結果を検証したからです。

そして、検証が終わると、再度読み返し、また実践する……このパターンを繰り返しました。これが功を奏したのだと思っています。

本で読んだことや学んだことを自分のモノにするには、これ以外に方法はないと考えます。

頭のなかだけの知的理解に終始しては、どうしても不十分なものになりがちです。もし、あなたが自己変革や自己実現といったメンタル強化の問題をテーマに掲げているのであれば、なおさらのことです。もっと深く掘り進まなければ、決して目的を達成することはできません。

もしかしたら私の読んだ本の数は、あなたと比べたら、かなり少ないかもしれません。しかし実際、自己変革を起こしたり、何か新しいことを習得したりするためには、それほど多くの情報を得る必要はありません。

極端な言い方をすれば、数十冊の本を1度しか読まない人よりも、3冊の本を数十回読む人のほうが、はるかに進歩を遂げられるものなのです。これは意外と語られていないことなので、そんなはずはないと思われる方も多いと思いますが、現実はそんなものなのです。

まとめると、次のようになります。

「メンタル強化の問題は、知的理解だけでは解決しないことがほとんど。頭のなかに繰り返し叩き込む、そして試行錯誤のなかで、ハッと気づいたり、またはつくづく、そしてしみじみと実感することが大切」

このことが第一歩ではないかと思います。

繰り返すことで自分のものにする。何かあればそれを活用する。それが確固たる自信につながる……この流れこそが、私がさまざまな人の相談を受けるなかで実感として思い至ったことです。

考え方のヒント

ものごとは繰り返すことで習得できる。そしてさらに繰り返すことで、メンタルが強化される。

2

能力・習慣を身につける5つのステップ

繰り返し学び続けることが、ものごとをマスターしていく王道になる。

私は「自分の自信を深める」というテーマの勉強会を開いています。そこで私がお伝えするのは、「繰り返し学習の大切さ」です。

繰り返しが大切だということは、いくら強調してもしすぎることはありません。

一つ一つのことを**繰り返し学び、実践し、身につけていくことができるようになれば、自己変革や自己実現、目標の達成などは、今よりさらに成果をあげることは間違いないでしょう。**

そして、それは**あなたの自信へとつながっていく**ことになります。

繰り返し学習の大切さがわかるように、1つの考え方をご紹介したいと思います。

それは、私たちが**自分にない能力や習慣を身につけるまでには5つのステップ**があるというものです。

その5つのステップは、以下のようなものです。

【ステップ1】

新しい（必要な）習慣・方法に、まだ気がついておらず、当然、能力も身についていない段階。

【ステップ2】
気がついたけれども、行動に移す意欲がまだない段階。
【ステップ3】
気がついてやろうと決めたが、意識してもなかなかできない段階。
【ステップ4】
意識してやれば、できるようになっている段階。
【ステップ5】
意識しなくても、無意識にできてしまう段階。

新しい習慣や方法、考え方などを、特にビジネスにおいて自分のものにしていくためには、こうした5つのステップを踏むことが先決です。

文字にして示すと、このようになりますが、実は、私たちは自然にこのステップを踏んでいるものなのです。ただ、それに気づいていないか、意識していないかだけなのです。

例えば、スポーツ技能の習得を考えるとわかりやすいでしょう。仕事を一つ一つ覚えていくのにも同様のことが必要になります。

また、自分が長年いろいろな苦労や悩みを抱えてきたとします。そして、実は「自分を好きでないということが原因となって、いろいろな問題が発生している」ことに気がついたとします。

これを5つのステップで見れば、ステップ1からステップ2にステップアップした段階にいます。

そして、悩みを解決したいという思いから、自分を好きになろうということにトライするはずです。ステップ2からステップ3へのステップアップです。

しかし往々にして、この**5つのステップのなかで、ステップ3～4のところでつまずいてしまう人が、圧倒的に多い**のです。

ステップ3の段階というのは、自分では、やるべきこと、やりたいことが決まっている状態。そして、それを身につけよう、達成しようと、何度か努力を試みるものの、なかなか思うようにはいかない。何度かやってみたが失敗してしまう……そういう段階です。

ここで多くの人が挫折してしまうのです。そして、何度トライしてもできない自分を見るにつけ、「私には能力がない。私はダメな人間なんだ」と思い込んでしまうのです。「失敗するのは、ダメな人間の証し」だとか、「他の人は自分より早くできるようになっているのに、自分はなかなかマスターできない」と思い込み、自己嫌悪を感じ、結局あきらめてしまうのです。

しかし、「自分は無能だ、できない、ダメな人間だ」ということではなく、正確には**自分は今、ステップ3の段階まで来て、次の段階がステップ4なのです。**

ここでさらに繰り返し実行していけば、やがてステップ4に、つまり意識すればできるようになる。心がけるようにすれば、自分を好きだと思えるようになるのです。

それではステップ3からステップ4へステップアップし、さらにステップ5へ上がるために、一番重要なことは何でしょう。

冒頭で述べたように、**嫌になるほど繰り返し試みること**です。繰り返し努力し、練習し続けることです。

もし、「あの人は何も意識しないでできるのに、自分は意識して、こんなに努力しているのに、なぜ同じようにできないのだろう」という思いが出てきても、「自分は今、ステップ３の段階であり、相手がステップ５の段階にあるという事実があるだけ」と捉えなおしてみることです。

私は繰り返し実践することの大切さを説いてきました。これは新しい習慣や技術、知識などを習得する際に、必ずあてはまる重要なポイントといえます。

もちろん、このステージを上がっていくスピードは、人によってそれぞれ異なります。速いから良い、遅いからダメということではありません。

取り組む課題によっても成果を実感できるまでの時間は違ってきますし、当然、能力には個人差があり、それぞれに経験の差もあります。

ステップアップのスピードなんて、違っていて当たり前なのですから、気にすることはありません。

考え方のヒント

できない自分と他の人を比べない。少しずつ、一歩ずつ、段階的にステップアップしていけばいい！

3

親のせいにしたところで、解決策は見つからない

人は生まれるとき、
自分の親を選ぶことはできない。
だから自立して自らの足で歩こう！

「自分には劣等感があり、それは幼少時の家庭生活が大きく影響している。そのために、今でも自分は社会人として未熟だし、そんな自分に自信が持てない。だから自分のことを好きになれない。一体、どうすればいいのでしょうか」

このような相談に訪れる人が相当数いらっしゃいます。

最近の傾向として、少年犯罪や子供の問題行動などについて、親子関係とか家庭環境の問題が何かとクローズアップされることが増えているように思えてなりません。しかし、これは気をつけなければならない傾向です。

私はカウンセラーという仕事がら、数多くの人たちと接しています。そんななかで感じるのは、**すべてを親子問題で片づけてしまうことの危険性です。たとえ親子関係が健全であっても、いろいろな問題は起こります。**

では、そうした状況をどのように考え、分析すればいいのでしょうか。

スクールカウンセラーとして学校で親御さんたちから相談を受けていて感じたことは、**問題を起こした子供の親に本当にパーソナリティ上の大きな欠陥や問題があるのか、それとも子供への接し方が一時的に不適切なだけなのか……この弁別をしっかりとつけておく**必要があるという点です。

さもなければ、単に親を悪者にして問題がわかったつもりになってしまう危険性があります。

また、大人の方とのカウンセリングで感じたのは、**自分の抱えている問題が、過去の親子関係に起因しているという理由から、親に不快な感情をぶつけてしまうことで、ますます問題が心の奥底に追いやられてしまいかねない**という点です。

こうしたことは、結果として「すべてを親のせいにしてしまう状況」から子供を抜け出せなくしてしまいます。

これらを整理しないまま、苦しんでいる人が少なくありません。親から愛されなかったから幸せになれないとか、自己実現できないとか、自分を取り戻すのは無理だとか、自分のことを好きになるのは難しいとか、そうした袋小路にはまっている人もいます。

しかし、考えてもみてください。

「親から愛されなかったにもかかわらず、自己実現したり、幸せな人生や家族に恵まれたり、自分らしく楽しく生きている人は大勢いる。それは事実。そういう人たち

は、自分の親を反面教師にしたり、模範となる他の人と出会い、刺激や啓発を受けながら、より自分らしく成長してきた」

そういうことなのです。

昔の偉大なセラピストであり精神分析家であるフロイト。この方の精神分析への影響力はとても大きくて、結果として、さまざまな精神的要因をまず幼少時の親子関係に求める専門家も少なくありません。

臨床心理学には、精神分析をはじめ、カール・ロジャースのクライエント中心療法、認知行動療法など、**いろいろな流派・心理療法がありますが、それらはあくまでも1つの考え方・方法であって、絶対的なものではありません。**

精神分析で改善されない人が、ロジャースのやり方で良くなるケースや、ロジャースではダメだったが、認知行動療法で良くなった人もいて、人によってその効果もさまざまなのです。

いろいろな偉い先生に相談しても、ぜんぜんダメだったのに、近所にいる知り合いのおばちゃんの一喝で良くなった……そんなことだって、あるのです。

ですから、何事においても自分はもうダメだとあきらめないでください。あきらめることほど、あなたにとって損なことはないのです。

親に期待できないのであれば、親以外の愛情のある人とのコミュニケーションによって、徐々に自分のあるべき姿を取り戻していくこともできます。世の中は自分の人生を充実させるための情報や出会いに満ちているわけですから。それが遠回りのようで、実は一番の近道ではないかと考えます。急がば回れというやつです。

親から愛されなかったと思う人も、親の愛に満足していない、親が好きではない人も、自分らしく生きて自己実現することは十分可能です。

親から欲しいだけの愛情やふれあいを与えられなかったのなら、親よりも愛情のある、親よりもふれあいの持てる生き方を自ら探し求め、見つけることです。そして、あなたの望む人間関係を築いていけばいいのです。

足りないと思ったら自分で補う。たったそれだけのことです。難しく考えすぎないでください。

私たちは、なぜこの世に生まれてきたのか。それは、自分らしく生きてハッピーな人生を歩むためです。

私たちは生まれてくるとき親を選べないのですから、親元から離れたあとの自立した人生を、「自分らしく生きる」という目的のために使うべきだと思います。そうでなければ、幸せなどつかめるはずもありません。

自分が一体何のために生まれてきたのか。何のために自分は生きているのか。自分の人生の意味とは何だろう。それは自らの足で歩き、試行錯誤しながら見つけていくしかないのです。

自分の生きる目的は何だろう。そんなゴールがなければ努力する方法や方向も見えてきません。そしてそのゴールに対して、まずは目の前のことを精いっぱいやっていくこと。その積み重ねの結果として、おのずと到達地点が見えてくるものなのです。

あなたの青い鳥は、あなたの心のなかにいつも住みついています。そして、あなたが見つけてくれることを待っているのです。

考え方のヒント

自分にできることを精いっぱいやる。その積み重ねによって、「自分らしく生きる」という人生の目的に気づく。

4

あきらめずに幸せを願い続ける人になる

たとえ紆余曲折があっても、幸せを願う強い思いを絶やさないでください。

私は、どこにでもある中流家庭といわれるような家に生まれました。子供の頃は、経済的な不自由はそれほど経験しませんでしたが、メンタルのうえでの不自由さ、窮屈さはそれなりに経験しました。

幼少の頃は人に何か施《ほどこ》しを受けても、「ありがとう」のひと言がどうしても言えない子でした。母親と買い物の途中に、近所のおばさんから飴玉をもらったことがありましたが、「ありがとう」がどうしても言えませんでした。それを母親から「何でありがとうが言えないの！」と、こっぴどく叱られたことを覚えています。

そのときは「言えないものはしょうがないじゃん。僕だって言わなきゃと思っているんだけど、言えないんだから……」と、心のなかで自分を責めていたことを思い出します。怒られたことへの反発と怒り、そして、自分へのもどかしさ。2つの葛藤のはざまで過ごした幼少時代の記憶の一片です。

もうすぐ幼稚園に行くんだよと言われ、なぜだかわからないが、身体が固まってしまうほど嫌な気持ちになったことも覚えています。

幼稚園の年長さんのときに、先生の言うことを聞かなかったために（確か、話をじっと聞いていなかったくらいのことだったと思いますが）一日、年少さんの部屋に追いやられたことがありました。今の時代ならば、きっと問題になったでしょうが……。その日のことは、おそらく一生忘れないでしょう。私の人生で初めて味わった屈辱感でした。

小学校では短期間ではありましたが、不登校を体験しました。お腹が痛くなって2週間ほど登校できなかったのです。学校が嫌だったわけでも何でもなく、むしろ学校生活は楽しいものでした。

本人自身が、なぜ学校に行けないのかわからない。なぜお腹が痛くなるのかわかりませんでした。小さな病院から大きな病院までいろいろ回ってみましたが、とうとう原因はわかりませんでした。お恥ずかしい話ですが、指しゃぶりも小学3年生くらいまでしていた記憶があります。とにかく、緊張症を地で行くような子供でした。家でゴロンと1人で横になっているだけなのに緊張感が取れず、胃袋を金属の型でブロックされているような感覚に襲われたものです。

そんな私が、なぜこのような仕事＝悩める人たちの「メンタル相談」をするようになったのか？　答えは簡単です。

今、私自身が幸せになれたからです。

では、**なぜ幸せになれたのか？　心のそうしたモヤモヤの状態をどうやって安定させることができたのか？　ひと言でいえば、それは「幸せになりたいという願い」が強かったから**です。そのため、家族との時間を意識的に増やしたり、幸せになるために良いと思ったことは、1つでも多く取り入れ実践するよう努めました。できるだけ、幸せな気持ちを身体全体に充満させようとしました。

そして、大事なことは、**実践するだけではなく、実践したあと、その結果はどうだったのかを検証することです。**良いと思ったことを実際に試してみてどうだったのか、うまくいったのか、うまくいかなかったのか、うまくいかなかったとすればなぜか、どこを修正すれば次はうまくいくのか……そうしたことを徹底して追究しました。

強い思いを持って実行し続ければ、自然と自信が培われてきます。その自信が幸せをつかむ原動力になったのです。私はそうした試行錯誤の連続によって、なんとか今の自分にたどり着くことができたのです。

考え方のヒント

執念を持って実行し続ければ、それが自信を生み、生まれた自信が幸せをつかむ原動力になる。

5

出会いが人生の転機をもたらす

新しい習慣を身につけるために、まず3週間がんばってみよう！その努力がいつの日か実を結ぶ。

読書をする場合は、繰り返し読み返すことをお勧めしてきました。もし、まだ1度しか読んでいないという方は、ぜひ今から読み返してください。遅すぎるということはありません。**「思い立ったが吉日」で、いつでも〝今〟がスタート**になります。そして、この繰り返しがあなたのメンタルを強化してくれるのです。

常に今を、今このときを大切にする習慣を身につけてください。その習慣を身につけることができれば、より多くのことを達成できるようになります。

ですから、「今このときを大切にする」という気持ちで、思い立ったが吉日なのだということを肝に銘じるようにしてみてください。そして、その習慣をまず3週間続けてみてください。徐々に、あなたの意識が変わってくるのがわかるはずです。

「新しい習慣を自分のものにするのに必要な期間は、一般に最低3週間だといわれている。だから、まずは黙って何も考えずに3週間続けてみる。たったそれだけを意識することで、あなたのこれまでの考え方や生活が変わり始める」

本書で何度か触れましたが、もし、実践することに億劫さを感じるとすれば、それはあなたが、本書に書かれている内容を信じることができないとか、うまくいかなかったり続かなかったりすることを恐れているのかもしれません。あるいは、自信をつけたい、自分を好きになりたいという動機が弱いのかもしれません。

私自身の話になりますが、子供の頃や学生時代、私はまったく何をするにも自信を持てない男でした。そんなグズな自分のことが大嫌いでした。

もちろん子供の頃には、そんなことを具体的に思っていたわけではありません。しかし、さすがに学生時代ともなると、そうした意識がしっかりと芽生えてきて、大きな悩みとなりました。

自分のことが嫌いだと、自分のことが信用できません。当然、**自分のことが信用できなければ、何をしても長続きしません。続かないということは、うまくならないし、うまくいかない**ということにつながります。

自分を信じられないから、ちょっと思うようにいかなくなると、「どうせ今回もまた失敗したり挫折して終わるのだ」と、なかば投げやりになってしまうのです。若い頃の私は、こうした言い訳の日々の繰り返しでした。

私にとって、結婚したことと子育てを経験できたこと、そこから自分の人生を問いなおし、自分のやりたい仕事に出会えたこと……これが何よりも大きかったと思います。特に、夫婦で共に生活していくことと子育て、そして仕事というものは、理屈や小手先ではごまかしが絶対にききません。恐ろしいくらい、結果が正直に現れます。

私の場合、夫婦と親子、自分の家族というものが活力の源になったことが、何よりも幸運だったと思います。

人との出会いは、ときとして大きな人生の転機をもたらします。たった1人の人との出会いが、その後の人生を一変させるということは、決して珍しいことではありません。むしろ、そういうことのほうが多いのかもしれません。

そうしたチャンスは誰にでもあります。しかし、**チャンスをつかむための努力をしていなければ、それが人生唯一のチャンスだったとしても、気づかないで通り過ぎてしまうこともある**のです。

自分が出会う人、経験することには、常に学びがあります。

考え方のヒント

学ぼうという姿勢がなければ、目の前にチャンスが訪れても、気づかず通り過ぎてしまう。

6

肯定的な言葉を口ぐせにする

ポジティブな言葉を口にすれば、脳はその言葉をそのまま信じて、言葉どおりの自分をつくりだそうとする。

あなたが自己変革や自己実現を成功させたいと願うのであれば、そのカギはあなたの脳にあります。あなたの**大脳に自分のなりたい姿を学習させること。これが何より大切なことであり、また最も効果のある方法**です。つまり、あなたの脳内の環境を好転させるのです。

私たちが一般的に心の状態だと認識しているものは、そのほとんどが脳で考えられていることなのです。心の状態は、私たちの大脳がつくりだしていて、心の病気も、脳内の伝達物質の問題だということが、最近解明されてきています。

したがって、脳内をいかに快適な状態に整えるかということは、私たちの人生にとってとても重要なことになります。それでは、脳内のマイナス感情をプラスの感情へと整え、なりたい自分になるためには、どうすればいいのでしょうか。

まず、**「肯定的な言葉を口ぐせにする」こと。つまり、普段自分が言葉を口にするとき、意識的にポジティブな言葉を選んで使うようにする**というものです。

例えば、「嫌だなあ、ツイていないなあ、疲れるなあ、ダメだなあ、できっこないよ」といったネガティブな言葉を発していると、あなたの脳はそれをそのままインプットして、言葉どおりの状態をさらにつくりだそうとします。

逆に、「好きだなあ、ラッキーだなあ、楽しいなあ、素敵だなあ、簡単だなあ」という具合に、ポジティブな言葉を口に出していると、あなたの脳はその言葉をそのままインプットし、やはり言葉どおりの状態をつくりだそうとします。その結果、本当に好きなことが見つかったり、ツイてることが起きたり、楽しいことや素敵なことが起きるようになります。また、気持ちもそういうふうに変化します。

ここで述べているポイントは、**ポジティブに考えたり、意識するようにしなさいと言っているのではありません。ただ単に、言葉に出すこと、日々の口ぐせ、習慣にしましょうと言っているだけ**なのです。

意識や感情や考えを変えるというのは、そうそう簡単にできることではありません。しかし、言葉にするだけなら（言うだけなら）簡単、誰にでもできます。

どうか、言葉を大切にしてください。つらいことがあっても、悩んでいても、落ち込んでしまっても、言葉だけは心の状態とは相反するような、似つかわしくないほど肯定的な言葉を使ってください。

何かあったときは、運が良かったほうに目を向けて、「確かにつらいなあ、でも結果的に良かった」「事故ってしまったけど、怪我しなくてツイてたなあ」というふうに、つらいことやトラブルなどを、肯定的な言葉で打ち消す習慣をつけてほしいと思います。

また、**日記をつけるという手もあります。といっても、普通の日記ではありません。将来あなたが「なりたい自分になったとき」に書く日記です。**

例えば、素敵な相手と結婚して、幸せな家庭を築きたいと願うなら、すでに自分がそういう生活をしているつもりで日記をつけるのです。

なりたい自分や自分の夢を文章化することで、やはり脳にそうした情報をインプットさせてしまうのです。まるで、すでに現実にそうなっているかのように、大脳に思い込ませてしまうわけです。すると、そのために自分が何をすべきかも浮かんできます。

日記をつける場合、**できるだけリアルに、具体的につけましょう。未来の人生の脚本家になったつもりで、精巧な描写を心がけ、そのときの自分の気持ちも、できるだけ実感を込めて書いてみてください。**

考え方のヒント

ポジティブな言葉や日記などを活用して、前向きな自分を少しずつ育てていこう！

7

夢がかなった自分の姿をリアルにイメージする

あなたが想像していることを
現実化させようと、
脳は休まず懸命に働いている。

自分に自信がつき、ひいては自分を好きになるためには、脳内のマイナス感情を好転させるのが効果的だということは、前述したとおりです。さらに2つの方法を述べてみたいと思います。

まず、**自分がこうなりたいと願っている状態、夢がかなった姿や様子をリアルにイメージする**という方法です。

言葉や文章と同様、あなたが普段想像していることもまた、脳が信じ込みやすいことの1つです。脳はあなたが想像していることを現実化させようと、一生懸命休むことなく働いていています。

何か心配事があってそれを気にしていると、あるときその心配事が本当に起こってしまう。そういう経験をしたことはありませんか。これも脳が、心配事を想像することで、それを現実化させようとして、あなたを動かしてしまったために起きた現象です。

私たちの**大脳は、実は想像と現実の区別ができません。その結果、想像したことなのに、本当に起こっていることだと誤認して、それが自律神経に作用してしまう**わけです。

例えば、自分の口のなかに唾液をたくさん出そうと思ったとき、あなたはすぐにそれができますか。おそらく思うようにできないことでしょう。では、大きな梅干しを2個、リアルに想像してみてください。あるいはレモンを口のなかに入れて、汁を吸っている姿でもいいでしょう。すると、どうでしょう。あなたの口のなかに唾液が出てくるはずです。

「あなたが想像したことを脳が現実の現象だと思い込み、自律神経に働きかけた結果、唾液が出る。唾液を出そうといくら意識しても、唾液はうまく出ないことが多いが、梅干しやレモンを想像することで唾液は簡単に出る」

つまり、これはイワン・パブロフの条件反射です。私たちは梅干しやレモンが酸っぱいことを体験的・後天的に知っています。その結果、唾液が出るのです。

これをあなたの夢や理想に置き換えてみましょう。なりたい自分になろうとか、ポジティブな人間になろうと意識しても、なかなかうまくいかないものです。しかし、すでになりたい自分になっている姿、夢がかなった姿をリアルに想像することはできます。むしろそのほうが、自律神経は素直に反応して、あなたを望む未来へと方向づけてくれるのです。

もう1つは、真似をすることです。これもとても効果的な方法で、**自分がなりたい姿に近い人の真似をする**のです。

自分の目標とする人や、自分が好きだなあと思う人がいたら、その人の真似をしていくのです。しぐさや話し方、表情、動作、考え方、価値観、くせ……盗めるものは、すべて盗んでみてください。

「身近にそんな人がいれば理想的だが、身近にいない場合は、有名人やスポーツ選手などでもかまわない。作家であれば、その人の文章や考え方を徹底的に真似て、その人になりきってみる」

この方法の利点は、やっていてとても楽しいことです。自分の憧れの人になったつもりで生活しているのですから、気分が悪いはずがありません。そして、1人の人の真似・研究が一通りすんだら、新しい人を見つけて、また真似をしてみるのです。

あなたのまわりに、もの真似が上手な人はいませんでしたか。担任の先生のもの真似が上手で、クラスの人気者だった友達、芸能人や歌手のもの真似でいつも注目を集めていた人など、いろいろな人がいたことと思います。

プロ野球のイチロー選手などは、よく真似される代表といっていいかもしれません。打席に立つ前の屈伸運動とストレッチ、そして素振り。打席での相手を挑発するかのようなバットのパフォーマンスや腕まくりなど、まるで儀式のような動きが続きます。これを上手に真似する人は、まるでイチローのように素晴らしい野球センスがあるかのように錯覚してしまいます。

２０１５年のラグビーのワールドカップで、一躍有名になった日本代表の五郎丸歩選手の、キックの前の独特のポーズも、一体どれくらいの人が、憧れて真似をしたことでしょう。

こんなすごい人は無理だ、とても真似をする自信がないという場合は、もっと身近な人をピックアップして真似てみましょう。優しい人になりたいのなら、優しいと感じる人の真似を、良い母・良い父になりたいのなら、そういう人を見つけて真似してみましょう。人間関係に悩んでいるのなら、コミュニケーションや人付き合いの上手な人の真似をしてみるのです。

真似ることは、学ぶこと。もうおわかりだと思います。そうです。真似をしていると、脳がそれを学習し、真似している状態が本当のあなただと認識して、その情報を自律神経に伝え働きかけるのです。その結果、本当にそういう自分になっていきます。理想の状態を脳が、つまりあなた自身が習得していくのです。

いろいろ述べてきましたが、最後はやはり繰り返しと継続以外にありません。ここまで読み進んできたあなたは、すでに準備ができているはずです。あとは、とにかく実行してみるだけです。

自分の夢をかなえる。なりたい自分になる。そのために楽しい努力を続けましょう。苦しい努力をしてはいけません。できるだけラクに楽しい気分のなかで夢をかなえていきたいものです。

考え方のヒント

真似ることは、学ぶこと。苦しい努力はやめて、自分が楽しいと思えるような努力をしよう！

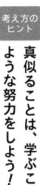

8

転んでも転んでも起き上がるから自信もつく

赤ちゃんを見ればわかる。
転ぶのを恐れていては、
いつまでも歩くことはできない。

自分に「自信」さえあれば、もっといろいろなことができるのに……。私たちは、心のどこかで、そのような感情を抱いています。逆に自信がないから自分には何もできないと思ってしまう。だから、まず自信さえつけばいいのだ、そうすればもっと行動に起こせる。そう思いがちです。

しかし自信がなければ何もできないものでしょうか。実はその逆で、何かをやって得られた経験値こそが自信につながるのです。やらない言い訳をしても、それはいつか自分自身に跳ね返ってくる。やらないツケは、結局は自分自身に返ってきます。

ともかくやってみて、結果（失敗）を恐れるのではなく、その結果について検証を繰り返してほしいと思います。検証の効果は絶大です。**検証をしっかり繰り返す人にとって、失敗なんて概念は何の意味もありません。それはやがてクリアし乗り越えていくものだから**です。

赤ちゃんのことを考えてみてください。何度転んでも、起き上がって歩こうとトライします。「そのうち歩きます」とか、「歩く自信がありません」なんて言う赤ちゃんはいないと思います。

先のことをあれこれ考えすぎて不安になるのではなく、今、目の前のことに集中するのです。そしてあなたは**これからどうなりたいのか、何をしたいのか**……と。その答えが出たら、あとはやってみるだけ。できることから始めればいいのです。

ＤＪやナレーターとして一躍有名になった小林克也さんは、その流暢な英会話力から、いろいろな人に「どうやったら英会話が上達しますか？」と聞かれたそうです。

そんなとき、逆にこう質問したそうです。

「では、あなたは今、英会話上達のために、何かやっていますか？」

こう聞いたとき、「まだ何も」と答える人は、これからも絶対に英会話が上達することはないというのです。一方、**「はい。○○を始めたところです」と答えた人は、今後の可能性が大いに期待できる**とのことでした。

何かをやってみるというのは、作用を起こすことです。作用が起きれば、必ず反作用が起きます。現象を起こすことで反作用が起こり、その反作用が次へのステップへとつながっていくわけです。

本書を手にしているということは、あなたは「本を読みたい」という意思表示と行動という作用をすでに起こしているわけで、１つの作用・現象を起こしたことになります。では、ここまで読んできて、どのような反作用が起きましたか。

「内容もボリュームも十分すぎて、頭に入りきらない」
「難しくて、全部は理解しきれなかった」
「この本を繰り返し読む気力があるかどうか、不安だ」
「学んだことを実生活で活かせるかどうか、自信がない」

など、いろいろな感想が浮かんでいると思います。

「頭に入りきらない」「理解しきれない」「不安だ」「自信がない」という感想が、まさにあなたに起きた反作用（反応）です。この反作用を活用しない手はありません。

では、あなたはこれらの反作用（反応）をどうしていきますか。どのように考えて活用しますか。放っておくのは実にもったいないことです。こうした反作用は自分が自分に出した宿題なのです。ぜひ、この反作用（反応）に対して、自ら次なる作用を起こしてみてください。

本書を読むときは、蛍光ペンやマーカーなどを用意して、ここがポイントだと思うところをチェックしてください。そして、繰り返し繰り返し、最低7回くらいは読んでほしいものです。それでも少ないかもしれません。すべてがあなたの近い未来への自己投資だと思って実行してください。

あなたのなかに**内在している潜在的な力を信じてください。ここまできたら、疑うことには何の意味もなく、信じるということにこそ無限の力がある**のです。

さて、自分に自信がつき、自分のことを好きになるために何が必要か、大体把握できたことでしょう。ここで示したことを一つ一つ実践し、検証を繰り返せば、あなたのなかで自信が芽生え、自分を好きなる心が少しずつ育っていくはずです。

何度も申し上げますが、本書を2、3度読んだくらいではあまり効力は期待できません。繰り返し読むことです。どれだけ繰り返し読んでも、読みすぎることはありません。20回でも30回でも読み返してください。実践あるのみ、行動あるのみです。

考え方のヒント

繰り返し読んで、実践・行動してみる。うまくいかなかったらその原因を検証して、繰り返し挑戦しよう！

第3章

失敗が怖くなくなるメンタル強化・7つの法則

1

どのような失敗かを常に振り返る

失敗したときに責められた人と、うまくできる方法を教えられた人とでは、ものすごい差が生まれる。

これまで失敗について多くの研究がなされてきましたし、さまざまな書物にも書かれてきました。

私自身、以前は極度に失敗を恐れる人間でしたので、失敗をどう捉えればいいのか、どうすれば失敗が怖くなくなるのか……そのことについて、ずっと研究を続けてきました。

私たちは、なぜ失敗というものを恐れるのでしょうか。原因の1つは、**子供の頃に失敗したことを責められてきた経験が影響**しています。

小さい頃は、親にしてみれば躾の意味もあって叱るのでしょうが、自分のやったことをあまり責められると、一体どうすればいいのか、やることに自信が持てなくなる場合があります。

お皿を割ったり、何かをこぼしたり、高い所に昇ってケガをしたり……そんなとき、あなたはどのような言葉をかけられましたか。それがあなたの失敗に対する反応の仕方に大きく影響してくるのです。

そのとき、**失敗を責めるのではなく、「次からはどのようにすればうまくできるのか」を教えてもらえた人なら、それほど失敗を恐れるようにはならない**はずですし、失敗に対する対応策を練る習慣がついたことでしょう。

また、失敗したときというのは、失敗をした本人が、一番「しまった」「やっちゃった」と思い、落ち込んだり嫌な気持ちになったりしていることが多いものです。

そんなとき、気持ちを汲み取って温かく励ましてくれるのか、ただ目の前のやったことだけを叱責されるのかで、その後の失敗に対する私たちの認識は、大きく変わっていきます。

「失敗をしたときに励まされ、うまくできる方法を教えてもらえたか。それとも失敗を厳しく責められてきたか……この差によって、失敗を恐れるようになるのか、それとも失敗を『ものごとをよりうまく行うための学習の機会』と捉えるようになるのかが決定づけられる。同時に、それは誰かが失敗したときに、その行為について注意して善後策を与えるようになるのか、失敗した人間をただ責め立てるようになるのかという他人への接し方にも大きく影響を与えることになる」

また、失敗を責められると、私たちは自分が失敗したときに、そんな自分自身を自ら責めるようになります。自分で失敗した自分を責めるわけですから、これは自分で自分のメンタルを大きく傷つけていることになります。

つまり、**失敗したときに感じる大きなマイナス感情は、実は、私たち自身が自分に与えているもの。失敗を極度に恐れる心理というのは、失敗したときに自分自身が受ける多大なダメージを恐れる心理**にほかなりません。

私たちが受ける大きなダメージは、失敗自体が私たちに与えるものというよりも、実は、自分で自分に与えているものであり、もともと**失敗という現象は、私たちを傷つけるほどの力は持っていない**のです。

「失敗は成功のもと」とか「失敗は成功の母」などといわれるように、失敗を前向きに捉えることが大切だと思います。

考え方のヒント

失敗によるダメージは自責の念や失望感が大きい。失敗自体には、私たちを傷つける力はそれほどない。

2

失敗を受け入れずに避けると、より大きな失敗をする

**失敗の本質は
理想と現実の間のギャップ。
すべての挫折は成長のための
学びの場にできる！**

さて、失敗とは本来どのようなものでしょうか。ここでみなさんにお伝えしたいのは、実は、失敗というものは存在しないということです。では、私たちが失敗だと認識している現象とは一体何なのでしょうか。

それは、私たちが望んでいた結果と、実際に起きた結果との間に生じるギャップのことだからです。

何かに挑戦するとき、私たちは「こうなればいいなあ」「ここまでできるといいなあ」というふうに目標のようなものを設定します。ところが、**目標にした結果を得られなかった場合、私たちの目指していた地点と現実の結果との間にギャップが発生する……そのギャップを私たちは「失敗」と認識する**のです。

例えば、ある人に挨拶したところ、挨拶が返ってこなかったとします。こんなことはたまにあるものですが、このときに起きているのは、「こちらが挨拶しているのだから、挨拶が返ってくるはずだ」という期待を持っている状態です。

ところが、実際には挨拶は返ってこなかったわけです。そこにギャップが発生していて、結果として「ああ、挨拶なんかするんじゃなかった。自分はやっぱり嫌われているのかな」などと、メンタル的に落ち込む人もいるわけです。

特に、過去に数多くの失敗を責められてきた人は、ここでも自分を責めるマイナス感情が自動的に起動して、傷ついたり怒ったりします。

そして「こんな嫌な思いをするくらいなら、もう挨拶なんかしない」とか「人となるべく交わらないようにしたい」と、さらに自信を失う人もいます。それは自分が望んでいた結果と、実際起きたこととのギャップにショックを受け、傷ついているからです。

一方、**失敗を恐れない人の場合、同じように挨拶が返ってこなかったとしても、ギャップによって自分自身を責めたりはしません。自分の思っていたことと現実との間にギャップが発生していることを認識し、そのギャップはなぜ発生したか考えます。**その結果として、

「聞こえなかっただけかもしれないので、今度ははっきりと挨拶しよう」

「無視されても気にしないで挨拶し続けよう」

「なぜ挨拶が返ってこなかったかわからないから、これ以上考えるのはやめよう」

というふうに、感情を5秒でスッと切り替え、次はどうすればいいかを考えます。

つまり、自分を責める代わりに、いかに行動すればいいのかを考えるのです。

では、失敗に対処する良い方法はないのでしょうか。

失敗を避けていると、いずれ大きな失敗に直面してしまいます。傷つかないようにいろいろなことを避け続けていると、結局、大きく傷ついてしまうことになるのです。また、トラブルなども、避ければ避けるほど大きなトラブルになってしまうもの。どんなに避けても失敗には結局、直面せざるをえません。

失敗は避け続けられるものではないのですから、思いきってなぜ失敗したか、なぜ大きなショックを受けているかを、きちんと振り返るといいでしょう。すると、そこには必ず「学び」があります。「学びがあるところに、進歩・成長がある」のです。

考え方のヒント

失敗は避ければ避けるほど、自分を苦しめる。しっかりと向き合ったほうが、むしろ失敗は生きてくる。

3

理想を追うな！　高すぎる目標は失敗を生む

できないことに挑戦するよりも、
気分良く、できることをやればいい。
だから目標は低くていい。

失敗という問題はとても重要なので、もう少しその点について詳しく述べてみます。私たちが失敗と認識するのは、〝理想と現実とのギャップに対してである〟ということを前に述べました。

では、このギャップはなぜ生じるのでしょうか。**1つには、私たちが設定する目標やイメージする理想が、自分が持っている実力・現実とかけ離れている場合です。つまり、まわりの評価を気にしすぎて、つい理想を高く掲げすぎてしまうことが原因**なのです。

例えば、筋肉トレーニング。あまりトレーニング経験がないのに、いきなり「腹筋100回とスクワット100回、腕立て伏せ100回、10キロのランニングをやるぞ」という目標を立てたとしたらどうでしょう。誰が考えても無理に決まっています。当然挫折します。

その結果、「自分で立てた目標なのに早々と挫折してしまうなんて……。本当に何をやってもダメなんだなあ……」と、失敗からくるダメージを自分に向けてしまい、ますますマイナス感情が芽生えてしまうことになります。

トレーニングというわかりやすい例をあげましたが、実際、ビジネスや人間関係でも同じような経験はないですか。では、なぜ高すぎる理想や目標を立ててしまうのでしょうか。どうしてそこまで高い理想にこだわってしまうのでしょうか。

1つには**早く問題を解決したいとか、一刻も早くこの苦痛から抜け出したいという焦りが原因**になっているケースがあります。

もう1つには、私たちのなかにある劣等感という感情です。つまり、**劣等感が背景にあるばかりに、つい高すぎる目標や現実との大きなギャップを生むような理想を描いてしまう**のです。劣等感は私たちをそういう方向へと導くことがあります。それは大きな結果を出すことで、その劣等感を打ち消し、強い自信を持ちたいと望むからです。

先にあげた例のように、自分の体力にコンプレックスがある場合、少しでも早くその劣等感から解放されたいという焦りから、現実味のない高い目標や理想像を描いて、先に書いたような無理のあるトレーニング計画を立ててしまったりするわけです。そうしたことが、失敗を生む大きな要因になっています。

ダイエットでもそうです。太っている、あるいは太っていると思い込んでいると、それに対して強い劣等感を抱いてしまう。そして極端なダイエットに挑戦したり、太ってもいないのに「もっと痩せたい」という欲求に呑み込まれてしまったり……。

結果、リバウンドを起こし、体調を崩すようなことになってしまうのです。

【克服事例】焦らず、がんばりすぎない

40代男性（会社員）の話です。彼は長らくうつ症状で会社を休み、一度は復職したけれど、なかなかうまくいかないということで、相談にみえました。

会社側は「あまり無理をせず、徐々に慣らしていけばいい」と言ってくれているが、自分としては「みんなと同じように働けず、迷惑をかけている」「早く前のように働かないと、自分の居場所がなくなる」と考えていました。うつになったのも、そうした真面目さ、心配しすぎなところが原因でもありました。

そこでまず「自分の状態と置かれた状況を、もう一度落ち着いて見直すこと」に重点的に取り組みました。

腕立て伏せでいえば、今の段階では自分は5回しかできない。そのことをしっかりと自覚すること。たとえ病院でドクターに「大丈夫ですか」と聞かれても、安易に「大丈夫です」と答えない。そして次の2点を確認しあいました。

①早く良くなりたいと焦るあまり、がんばりすぎない。
②良くなる大体の期間を告げて、焦らず回復のペースを守る。

私はよく「もしかしたらこういう焦りはありませんか」と、具体的に聞くことがあります。すると「あります」と答える人が多くいます。そこで「実際に上手に克服できて、今でもうまくやっている人は、大体、この程度のペースで会社に戻れていきます」というふうに話します。焦る必要がないことに気づかせてあげると、たいていの人が安心した表情になります。

そして、今はまだ5回しか腕立て伏せができないのだから、30回ではなく、まずは5回を確実にこなすこと。これを確認しあいます。それでも、焦ってしまうのが人情ですから、繰り返し「焦らなくても大丈夫ですよ」と語りかけます。落ち着いて「はい」という返事があれば、本人も納得したなとわかります。

自分の今の状態を正確に知ることは、ときには難しいものです。そのためには今の自分にしっかりとフォーカスし続けねばなりません。とにかく私は「今、あなたはこういう感じですね？」と、状態を確認します。そして、「確かに、今の自分は5回しか腕立て伏せができません。あわててもしかたないですね」と、本人が納得すること。これが結局は一番いい結果につながります。

客観的に自分を見つめる平常心を芽生えさせ、その平常心が長続きすることを見守る。ポイントはそこにあります。平常心という感情は、何も特別なものではありません。落ち着いてものごとを見つめなおすことですから、それに気づくことこそが、完全復活のカギとなるのです。

あなたは実際、腕立て伏せが何回できるのか。まず、それを知っていてほしい。そして、無理な目標を立てるのではなく、実現可能な目標を一歩一歩クリアしていくことです。その積み重ねこそが、夢や希望の実現に近づくのに手っ取り早い方法なのです。当たり前のことを当たり前にできるようになる。そして、また一歩前進する。これが本当の経験値を踏んでいく秘訣です。まさに「急がば回れ」というわけです。

考え方のヒント

実現可能な目標を1つずつ確実にクリアすることが、夢や希望に近づく手っ取り早い方法！

4

成功か失敗か。2つに1つだけが選択肢ではない

成功か失敗か。それが問題ではない。あなたが選べる道は2つだけでなく、10も20もある。

郵便はがき

おそれいりますが
52円切手を
お貼りください。

1028641

東京都千代田区平河町2-16-1
平河町森タワー13階

プレジデント社
書籍編集部 行

フリガナ		生年（西暦） 年	
氏　名		男・女	歳
住　所	〒 TEL　（　）		
メールアドレス			
職業または 学校名			

ご記入いただいた個人情報につきましては、アンケート集計、事務連絡や弊社サービスに関するお知らせに利用させていただきます。法令に基づく場合を除き、ご本人の同意を得ることなく他に利用または提供することはありません。個人情報の開示・訂正・削除等についてはお客様相談窓口までお問い合わせください。以上にご同意の上、ご送付ください。

＜お客様相談窓口＞経営企画本部 TEL03-3237-3731
株式会社プレジデント社　個人情報保護管理者　経営企画本部長

この度はご購読ありがとうございます。アンケートにご協力ください。

本のタイトル

●ご購入のきっかけは何ですか?(○をお付けください。複数回答可)

1 タイトル　2 著者　3 内容・テーマ　4 帯のコピー
5 デザイン　6 人の勧め　7 インターネット
8 新聞・雑誌の広告(紙・誌名　　　)
9 新聞・雑誌の書評や記事(紙・誌名　　　)
10 その他(　　　)

●本書を購入した書店をお教えください。

書店名/　　　(所在地　　　)

●本書のご感想やご意見をお聞かせください。

●最近面白かった本、あるいは座右の一冊があればお教えください。

●今後お読みになりたいテーマや著者など、自由にお書きください。

どうもありがとうございました。

私たちはつい結果ばかりに目がいってしまいがちです。しかし、そこにたどり着くまでのプロセスのなかにこそ、私たちを成長させてくれるさまざまな「学び」があります。そう考えることができれば、試行錯誤や努力というものが、決してつらいだけのものではないと思えるはずです。

結果に執着するあまりに、この「学び」のプロセスを味わっていく意義を私たちは忘れてしまいがちです。

結果にとらわれることの最大の副作用は、成功か失敗かの二者択一しか自分のなかに選択肢がなくなることです。考えてもみてください。成功するか失敗するかしかない人生……こんなつらいことはありません。

成功か失敗か以外に、世の中には自分にとって必要な「学び」が用意されています。どんなことであっても、ものごとに取り組んでいくということは、成功か失敗かという単純で面白みのないものではありません。**世の中には成功者と脱落者しか存在しないと思っている人も少なくないようですが、この世界にはもっとたくさんの人生観や価値、生きる意味などが存在しています。**

【克服事例】本当の充実感を得る

Uさん（40代男性）は、企業に勤めて約20年のベテラン。もうすぐ部長になれそうだというときに、新たに赴任した上司からパワハラを受けました。露骨な嫌がらせや左遷人事によって、Uさんは出世の夢を絶たれました。20年間、必死にがんばってきたのは、一体何だったのだろうと苦しんだUさんは、このまま会社を辞めることまで考えていました。

しかし、そんな苦しい日々のなかで、徐々に自分の人生を見つめなおすようになりました。鬱々とした日々を変えようと、新たな趣味を始め、それを通しての仲間にも出会い、自分の生き方にも幅が出てきました。ところが、その仲間の一人が、がんの病に倒れてしまったのです。その方は、命尽きるまで精いっぱい生き、「ありがとう」と言って人生の幕を引いたそうです。その姿にUさんは、「自分はなんて狭いことにこだわっていたんだ」と、頭を殴られたようだったと言います。

しばらくして、パワハラ上司は異動になり、Uさんは今、充実した会社生活を取り戻しましたが、以前のように出世のみを拠《よ》りどころにするUさんは、もうそこにはいませんでした。評価のためではなく、どんな小さな仕事でも、一つ一つ心を込めて行うようになっていたのです。

「苦しみや悲しみがあったからこそ、今があります。自分の人生に今、心から感謝できます」

Uさんが目を潤ませながら見せた笑顔が、私は今も忘れられません。

成功しか頭にない人は、成功しても成功しても永遠に成功を追い求める人生になりがちです。結果よりもプロセスに意識を向けることで、私たちは結果に一喜一憂することよりも大切な「学び」の経験を積み重ねていくことができるのです。

経験から多くを学び、人間的に成長することで、私たちは自分の人生に生きる意味や充実感を感じることができるようになるのです。

考え方のヒント

人の数だけニーズや価値観はある。画一的で二元的な考え方では、それを掘り起こし楽しむことはできない。

5

結果よりも、もっと仕事のプロセスを楽しもう！

毎日少しずつ……が
積み重なるからこそ
大きな結果につながっていく。

プロセスについては前述したとおりですが、そのプロセスをもっと楽しむにはどうすればいいのか、もう少し具体的に話してみたいと思います。

プロセスを楽しむとか味わうといっても、なかなかイメージが湧かないと思います。しかし、**プロセスを楽しむことができれば、結果ばかりに目がいくこともなくなり、ひいては、失敗を極度に恐れることもなくなる**はずです。

それでは、わかりやすい例として、お皿を洗うときのことを考えてみましょう。

例えば、目の前に１０００枚のお皿を積み上げて、「はい、では今からこの１０００枚のお皿を洗ってください」と言われたら、「えーっ？　今から１０００枚も洗うの？」と思うのではないでしょうか。

お皿洗いがよっぽど好きな方なら話は別ですが、いきなり１０００枚洗えと言われたら、嫌になるのが普通です。

では、主婦のみなさんはどうでしょう。当たり前のように毎日お皿を洗っていると思います。しかし、自分が今まで一体何枚のお皿を洗ってきたのかなんてこと、考えたことがあるでしょうか。

でも、考えてみてください。例えば、あなたが主婦暦3年だとすれば、1日5枚のお皿を洗うだけでも、3年もすれば大体5000枚は洗っている計算になります。気がつかないうちに、あなたは5000枚かそれ以上のお皿を、これまでに洗ってきているのです。

「高い理想を掲げて挫折してしまうというのは、自分で目の前に1000枚のお皿を積み上げているようなもの。一方、プロセスに意識を向けて、着実に目標や夢を実現するということは、毎日毎日、目の前にある数枚とか十数枚のお皿を洗い続けていくことと同じ」

そういうことです。

あなたはこれまで何千枚、いや何万枚かのお皿を洗ってきたかもしれません。考えてみれば、すごいことです。一挙にものごとを成し遂げるのではなく、私たちは日々の生活のなかで、目の前のことを一つ一つ積み重ねていくからこそ、結果的に大きなことを達成できるということでしょう。

大切なのはプロセスに集中することです。**1000枚のお皿を積み上げて、うんざりするのではなく、退屈なルーティンだと感じても、ただやるべきことに集中する**のです。すると、自分でも予想もできない地点にたどり着くこともあるのです。それが「結果」というわけです。

毎日、目の前にあるお皿を洗ってきた。片づかないとゆっくりする気になれないから、しかたなく……理由はいろいろあるでしょうが、とにかく毎日、ただただ、目の前にあるお皿を洗ってきたからこそ、あなたは数千枚、数万枚のお皿を洗うという偉業を成し遂げたのです。高い山の頂に立てるのも、一歩一歩があるからです。いきなり山の頂上で気持ちのいい空気を吸えるわけではないのです。

プロセスに集中してみる、できれば楽しんでみるくらいの気持ちを持ちたいものです。結果がすべてではありません。大切なのはプロセス（経験）です。このことを肝に銘じておいてください。

考え方のヒント

まず結果があるのではない。プロセスに集中し楽しむことで、それ相応の成果があとからついてくる。

6

できることをしっかりやり続ける

目標や夢を達成するには、近道を探すことなく、「急がば回れ」の精神で！

失敗を恐れている自分の感情をコントロールしたい。そのためには、前項の例で示したように、目の前に１０００枚のお皿を積み上げるのではなく、毎日少しずつお皿を洗い続けていくことが重要になります。

目標や夢、今までどうしても成し遂げられなかったことを成し遂げるのに必要なのは、毎日少しずつお皿を洗うことに集中すること。それは**自分にできないことをやろうとするのではなく、自分ができることを軽んじることなく、心をこめてやり続けていくこと**と共通しています。

そこにこそ、失敗に対する不安や自分にはできないと考えてしまう劣等感を克服し、目指すべきなりたい自分になるための秘訣があります。

「急がば回れ」

この言葉のとおりです。

結果を求めるあまり、私たちは、どうしても近道を探したくなります。でも、そんな意識は、結局は失敗につながります。それよりも、目の前のことを確実に実行する人になってください。

仕事を覚えて一人前の社会人になるのも同じことでしょう。

入社したての頃は、右も左もわからず、何もかも1から覚えなければなりません。掃除や戸締まりの仕方、コピーの取り方のルール、資料の収納の方法など、実に多岐にわたることをクリアしなければなりません。電話の受け応えなどは、ある程度経験を要するものです。

そういったことを覚えないまま、成績を出そうとしたり、認められようとするから、失敗するのです。それはウォーミングアップをしないで、いきなりきつい運動をするようなもので、ケガをするのは当然の成り行きといえます。成功と同じように、失敗にも失敗するそれなりの理由があるのです。

「この世で最大の雄弁家は、成功である」とナポレオンは述べています。でも、「ローマは1日にして成らず」という言葉のほうが、私の心には響くものがあります。

お皿を1枚1枚洗うことは、一見面白味のないことかもしれません。しかし、お皿を洗っていくなかで、いろいろな発見をすることができるのです。

「お皿って全部違っていて、同じものなんてないんだ」
「これはいつ買ったお皿だっけ。ああ、こっちのお皿は結婚記念日にもらったやつだったな。こっちのお皿は2人で選んだやつだ」
「あの料理には、このお皿が合うんだなあ」
というふうに、忘れられないエピソードも含めて、湧き上がってくるさまざまな思いと向き合うこともできます。

そうやって、**一日一日を味わって生きていくことが、その時その時を味わって生きていくということです。その時その時の味わいの積み重ねが、私たちの人生を豊かに、そして楽しい発見の連続に変えてくれる**のです。

繰り返しになりますが、目の前の一つ一つのことがらを丁寧にこなしていってください。それが不安克服の最良の策です。その積み重ねによって、いつの日かあなたの目の前に、１０００枚のピカピカのお皿が並ぶことでしょう。

考え方のヒント

一日一日、一つ一つの積み重ねが、いつの日か１０００枚のピカピカのお皿という成果につながる。

7

すぐやる行動こそが本当の成功を呼び込む

失敗を恐れて心配しているだけでは
何も変わらない。
まず行動を起こすこと!
小さな一歩を踏み出すこと!

「自信がなくて、職場でもうまくいかないんです」

Nさん（20代女性）は、うつむき加減でそう言いました。職場でも自分のやることなすことすべてに自信が持てないというのです。また、Nさんは若いために、職場のメンバーの大半は年上で先輩。そんななかで、思うようにコミュニケーションがとれず、仕事でわからないことがあっても、尋ねる機会を逃すことも多いそうです。

疑問が解決しないまま、仕事は進んでいきます。さらにわからないことが出てきても、それでも尋ねられないことで、「ちゃんと質問しなさい」と怒られてしまいます。そうした悪循環にも悩んでいました。

また、職場の男性上司からセクハラを受けてもいて、意地悪な女性上司には何かときつくあたられました。Nさんは仕事の悩みとセクハラ、さらにパワハラという二重、三重の問題に苦しんでいました。根底にある「自分に対する自信のなさ」が、それらを引き寄せていると思い込んでいるようでした。

さて、Nさんはこの悪循環を断ち切ることができたでしょうか。結論からいうと、断ち切ることに成功しました。では、どうやったのでしょうか。

自分に自信が持てない人の共通点は、自己イメージが低いことです。自己否定の感情が強いともいえます。何らかの原因で、自分に対する評価が低かったり、自分に対する捉え方が否定的なのです。それは、いじめや家族の問題といった過去のトラウマ、トラブルかもしれないし、生まれつき内向的な性格……という人もいます。

そうした人たちが、自分に自信を取り戻し、自己イメージ・自己評価を高め、自分に対する捉え方を肯定的にするために、必要なことは何でしょうか。**答えは「行動」すること、それもすぐやる行動**です。

「自分を変えるために『行動』を起こすことで、私たちは自己イメージを変えることができる。なぜなら、行動するたびに新たな『経験値』が得られるから」

行動せずに、ただ頭だけで考えたり、「自信が欲しい」と念じても、なかなか強いメンタルは手に入らないものです。なぜなら、そこには「経験値」というステップ材料がないのですから……。頭だけで考えたり心のなかでイメージするより行動すること、行動を起こすことこそが、自信を獲得する最短ルートにほかなりません。**行動すれば、何かを経験します。自分の頭のなかにも心のなかにも、新しい風が吹きます。**

それが刺激になり、今までとは違う捉え方につながるのです。

しかし、行動にブレーキをかけるものがあります。それは「もし、失敗したら……」と考えてしまうことで生まれるマイナス感情です。正直、私も失敗は怖いと思うときがあります。私の心臓には、少なくとも毛は生えていないのですから。

でも、失敗を怖がって、冷や汗をかき、オドオド、ビクビクしながらも行動してみるしかないのです。どんなに小さな行動でもかまいません。誰かに電話する。自己分析の日記を書き始める。職場で挨拶をしっかりする……ささいなことでいいのです。カウンセリングに通うというのもあります。信頼できる勉強会やセミナーに行ったり、趣味の集まりに参加してみるのもいいでしょう。

こうした**行動を起こすことで、自分に1つ、また1つと決心をさせることができます。自分は変わるのだ。変わるために新しいことに挑戦するんだ。そういう決意の灯を、たとえ小さくても、1つ、また1つと灯していける**のです。

行動すれば、今まで知らなかったことを知ったり、気がつかなかったことに気がついたり、見えていなかったことに目が向く……そうした手応えが必ず出てきます。その第一歩は、行動なのです。

先にご紹介したNさんも、そうでした。一人で悩まずに、まず、カウンセリングに通いました。そして職場の人たちを怖がるばかりではなく、落ち着いて観察するようになりました。そして、自分の失敗を冷静に振り返り、怖いけれども、その理由を周囲に声をかけて尋ねてみました……そういう小さな行動を1つ、また1つと実行した結果、そこに今まで得られなかった「学び」を発見したのです。

Nさんは、上司からセクハラなどを受けて、転職を決意しますが、「ただ逃げるように辞めたくはない」と言いました。そこで、退職の意向の伝え方、転職の動き方など、自分で納得し、悔いのないよう、一つ一つ考え行動したのです。その行動が、Nさんに少しずつ自信を与えたのでしょう。Nさんの顔つき、言動に、次第に「たくましさ」が出てきました。

その後、Nさんは転職しました。新しい職場では先輩に恵まれ、とても良くしてもらえ、「一生懸命仕事を覚えようとする女性」という評価をもらったのです。

カウンセリングに来た頃のNさんは、少し違いました。もちろん、誠実で責任感もある方でしたが、自信のなさからくる消極的な行動によって、ちょっと損をしているように見えました。そのNさんが、自ら行動を起こすことで積極的になった結果、新しい職場で評価を得られたわけですが、転職するまでに最善を尽くそうとしたところがポイントなのです。

今いる場所で自分にできることをひたむきにやって転職すると、転職先でうまくいくことが多いものです。ところが問題を先送りにした形で転職すれば、転職先で同じような問題や新たな問題にぶつかることになります。

今、自分にできることは何か。そして行動を起こしてみる。**状況を変えるにしても、自分自身を変えるにしても、まずは行動することが第一歩**です。

Nさんの場合、セクハラは自分に落ち度はありません。相手（職場）の問題であり、とても理不尽な話です。しかし、Nさんはそのなかで、自分にできることをあきらめずに探しました。そして、一つ一つ行動を起こし、状況を変え、自分を変えていきました。その原点は「今、できることを行動に移すこと」だったのです。

考え方のヒント

今できることを一つ一つ行動に移すことによって、状況は変わり、自分も変わる。

第4章

自分を好きになれば、心は常にプラスの感情で満たされる

I

自分が心から好きなことを見つけよう!

やりたいことを見つけるには
「絶対に見つける」という決心が必要!
まず、好きなこと・やってみたいことを
思いつく限り書き出してみよう!

自分を好きになるためには、いくつか大切なポイントがあります。そのうちの1つが、**自分の好きなこと、やりたいことを見つけて、実際にそれをやってみる**ことです。誰かのためではなく、自分のために。

でも、どうでしょうか。「自分のやりたいことが何か、それがわからない」という人も多いと思います。

では、一体どうすれば、やりたいことを見つけられるのでしょう。そのためには次のような気持ちも必要です。

「絶対に何が何でも自分のやりたいことを見つけてみせる。たとえどんなに時間がかかっても！」

1カ月や2カ月、頭で考えたくらいで、「ああ、やっぱりやりたいことが見つからなかった」などと、がっかりする必要はありません。何年かかっても見つけてほしいのです。たとえ何年かかっても、その年月は決して無駄にはなりません。

そこで、とても効果的な方法があります。好きなこと、やってみたいことを、まずは思いつく限り、紙に書き出してみるのです。

最初は、なかなか思い浮かばないかもしれませんが、それでいいんです。それでもあきらめないで書き出してください。少なくとも10個は書いてみましょう。私の知人の40代の女性が実際に書き出した事例をあげると、次のようになります。

【40代女性のやりたいこと事例】

海外旅行に行って、現地の歴史を知る、現地の人たちと話す／温泉めぐり／ガーデニング／テニス三昧／ドライブ／趣味として写真を撮る（風景）／山登り／城めぐり／カラオケのレッスン（ボイストレーニング）／心理学の勉強／簿記の資格取得／スポーツジム通い／読書（小説）／ウクレレ教室に通う／舞台（映画）鑑賞／ペット（犬）を飼う／パワースポットめぐり（神社・仏閣）／英会話学校入学／ペン字／水彩画の通信講座

そして、書き出した項目を見ながら、自分自身に質問してみるのです。「このなかで、誰も見ていないところで、1人ででもやってみたいと思えるのは何だろう」と。

こう自問自答するのは、人の評価と関係のない項目を抽出するためです。

「自分のやりたいことだと思っていることが、実は人に評価されたい、認めてもらいたいために、それをやりたいことだと思い込んでいる場合がある」

人から評価されたいと思ってやると、あとで行き詰まります。だから、まず**「人の評価と関係ないこと」を見つける**ことが重要になります。

人の評価が気にならないということは、それがうまくいこうがいくまいがやりたいということ。成功しようが失敗しようが関係なく、それ自体をとにかくやってみたいと心から思えることです。

考え方のヒント

他人の評価や結果に関係なく、やってみたいことを見つけて実際にやってみる。

2

まずはものごとに対して、強いメンタルを持とう!

達成したいという意欲は大切。
しかし、どんなに気持ちが入っても、
それだけではやり遂げられない。

自分を好きになるということに限らず、自信をつける、自分を変える、仕事で成果を出すなど、目標を達成するためには、次の3つの要素が必要であるといわれています。その要素とは、

①意欲
②能力
③ものごとの捉え方

つまり、「意欲」「能力」「ものごとの捉え方」の3つがうまく噛み合ったときに、ものごとは「達成」されるということです。

では、一つ一つ解説していきましょう。

まずは「意欲」、つまりモチベーションですね。

当然のことですが、**ものごとを達成するには、まず達成したいという強い思いが必要**です。これは当たり前のことで異論の余地のないところでしょう。意欲は、私たち

がものごとに取り組むためのエンジンの役割を果たします。

意欲という言葉を聞くと、何か特別なパワーが必要な気がしますが、私たちはお腹がすくと「何か食べたいなあ〜」と思う。この生理的欲求もある意味、立派な意欲です。調理をするときの火のようなものであり、意欲は何かを始めるためには、なくてはならないものです。

ただ問題なのは、意欲というのはなかなか長続きしないということです。これは、みなさんも経験しているのではないでしょうか。

私も何度も経験していますが、意欲とかやる気というのは、最初のうちは強くて、「よ〜しっ、やるぞ！」と意気込むのですが、時が経つにつれて、だんだんと萎えていってしまいます。

そして、いろいろな障害や困難にぶつかることで、すっかりなくなってしまうこともあります。

ですから、**意欲だけあっても、最後までものごとを続けることができないのは、根気がないとか、能力がないとかの問題ではなく、これはごく普通のこと**なのです。だから、意欲がなくなったからといって、いちいち悩むことはありません。

意欲だけで突っ走れる人が稀にいますが、そんな人はおそらく世の中の1000人に1人くらい。そんな人こそ特別なのです。

意欲が長続きしないなんてことを、真剣に悩む必要はないし、意欲は長続きしないものだと考えるほうがむしろ正解なのです。

意欲が長く続かないといって悩むのは、200歳まで人が生きられないことを悩むようなもの……そう考えてください。悩まなくていいことです。

ちなみに、私たちは、悩まなくてもいいことで苦しんだり、自分の力ではどうにもならないことなのに、できない自分を追い込んでしまうことがあるので、ここは要注意です。悩んで意味のあることとないことが、この世の中にはいっぱいあることを知っておいてください。

考え方のヒント

世の中には意欲だけではどうにもならず、悩んでもどうにもならないことだってある。

3

自分に備わっている能力を知って、十分に使おう！

お金になるものだけが能力ではない。人や社会に役立つ力を磨くことが大切！

次は「能力」の使い方についてです。

能力というと、特殊な技能や才能をすぐに思い浮かべがちですが、そうではありません。能力のない人などいません。ただ、企業などが求める能力については、誰もが生まれながらに持っているわけではありません。

つまり、**ある組織に所属していて、そこで何かを達成する能力が必要なとき、能力がないよりはあるに越したことはありませんが、最初からそうした能力を身につけている人はほとんどいない**のです。ですから、自分に現段階で能力がないことを心配する必要はありません。

誰にでも、取り柄や能力というものが必ず備わっています。あとは、本人がそれを能力だと認めることができるかどうかの問題です。

世間では、特にお金を稼ぐ能力をもてはやす傾向が大変強いものです。しかし、本当にそうでしょうか。たとえお金に結びつかなくても、一緒にいて気持ちが休まる人や、冗談がうまくて人を笑わして場をなごませたり……つまりこのような人を思いやる能力も大切なことです。人の役に立ち、社会の役に立つことも能力の１つです。

ビジネス、特に職場について考えてみてください。営業や企画、財務や総務など、組織を維持するためにはさまざまな部署があります。適材適所という言葉があるように、それぞれの能力に沿って配置されていると考えていいでしょう。

例えば、ここにとても優れた営業のスタッフがいたとしましょう。しかし、いつも社内にいるわけではありません。外回りで忙しいことも少なくないのです。その際には社内スタッフが得意先からかかってくる電話を受けたり、社内連絡の代行をします。そうして、みんなで能力を出しあい、協力しあって、組織は成り立っています。

ある営業スタッフの業績は抜群で、まさに表舞台で大活躍しているのですが、それは多くの仲間の能力によって支えられている結果なのです。そこには花形から縁の下の力持ちまで、さまざまな能力の持ち主がいて、初めて組織はその力を発揮できているのです。

チームプレーのスポーツなどはその典型でしょう。

野球でいえば、全員が4番打者でホームランばかり狙っていては、試合になりません。やはり、効率的に機能的に試合を運ぶためには、足が速くて出塁率の高い1番バッターがいて、それを地味なバントで確実に進塁させる2番バッターが必要なのです。そして、塁を埋めた走者を効率良く得点に結びつける3、4番、そして5番、6番……と続きます。すべてのメンバーには役割があるのです。もちろん、攻めがあれば守りもあります。点を取るだけでなく、確実に守り抜く守備力が大切なのはいうまでもありません。

つまり、それぞれの能力に応じてそれぞれの役割があります。**能力とは、自分と社会を気持ち良くつなぐ架け橋にほかならない**のです。

能力というのは、お金になるものばかりでなく、お金にはならなくても、それによって、本人もまわりの人も喜びに満ちた人生を歩めるようになるもののこと。あるいは能力というのは、それを活用することで、社会に何らかの形で貢献できるものであり、自分の社会における居場所づくりに活かせるものだといえるかもしれません。

考え方のヒント

能力を活用して、社会に何らかの貢献ができれば、それは自分の居場所づくりにも役立つ。

4

ものごとの捉え方をプラスの方向に変えてみる

意欲や能力だけでもダメ。何かを成すには、ものごとの捉え方が重要！

３つ目、「ものごとの捉え方」について解説しましょう。

これまで述べてきたように、ものごとを達成するためには意欲だけでもダメ。能力があるだけでもダメ。そして、さらに重要なのは、能力と意欲の両方があっても、それだけではやはり不十分だということです。

よく「心技体」といいますが、ものごとの捉え方は「心＝メンタル」にあたるといってもいいでしょう。ものごとに取り組むとき、「技」と「体」はそれなりの時間を費やせば、それなりの段階までは到達できます。しかし、「心」はそれほど容易なものではありません。

それと同様に、**意欲と能力に、ものごとの捉え方がプラスされて、初めてものごとは達成される**というのです。そうです。意欲、能力、ものごとの捉え方が三位一体となり、心技体がそろうことこそが重要なのです。

では、ものごとの捉え方というのは、一体どういうことでしょうか。わかりやすくいえば、その人のものごとの受け止め方とか価値観や判断基準といったものです。

人にはそれぞれ捉え方のくせや傾向があります。日常において私たちは、それを基準に人と付き合い行動しています。そのくせをお互いに認め合って生きていて、認め合える人とは気分良く交流することができます。

　そうしたくせはいつの間にか自分流の捉え方として身についています。しかし、何かを実行しようとするとき、個人的な課題や問題であればなんとかなっても、その自分流が通用しない場面があります。職場での業務もその1つです。

　会社や組織でうまくやっていくには、さまざまな妥協と方針変更などを強いられます。それは当然のことです。営業で結果が出なければ、訪問件数を増やしたり、定期的な顔つなぎを習慣にしたり、これまでの自分の流儀を変えてでも実績を上げるためにはいろいろ手を尽くさねばなりません。

　私たちが結果を出そうとするときには、結果を出しやすくするものごとの捉え方をしなければなりません。ということは、**ものごとに対する捉え方・受け止め方、発想法、価値観などを、結果の出やすいように変えていく必要がある**わけです。これなくして、いくら意欲をかき立て、能力をつけたとしても、ものごとは達成されないのです。

　こんなことを言われると、なんだか大変なことをしなければならないようで、あなたは心配になってくるかもしれません。でも、大丈夫です。特別な方法論があったり、特殊な才能がなければ身につけられないようなことではありません。

例えば、広大な砂漠にいて、水筒の水が半分残っているとします。それを「もう半分しか残っていない」と考えるか、「まだ半分も残っている」と考えるかで、生き抜く覚悟は違ってきます。それがものごとの捉え方というものです。

実は本書で書かれていることが、そうしたものごとの捉え方そのものなのです。読み飛ばしたりせずに、きちんと読んでいただき、できれば何度も読み返してほしいと思います。繰り返しと継続に勝る習得法はないのですから。

本書の主旨は、失敗しにくい考え方、方法論、広い視野、多面的な捉え方を身につけることです。

ここではそれこそ1つの捉え方を示しましたが、もっと多くの捉え方を習得し引き出しを増やすことを目指しています。その趣旨をご理解いただき、不要な遠回りをせず幸せになる生き方を本書によって身につけていただければ幸いです。

考え方のヒント

より多くの捉え方を身につけて、引き出しを増やすことで、人生を幸せなものにする。

5

不安こそ自己実現の第一歩になる

自分のやりたいことを追求するときには、
必ず不安が首をもたげてくる。
ただし、そのときこそ、前に進む勇気を！

自分の大好きなこと、やりたいことがおおよそ絞れてきたら、次にあなたはその絞った項目を実際にやってみてください。

しかし、そのときに少なからず生じる問題があります。自分のやりたいことを見つけて実践しようとするときに多くの人が経験する大きな問題、私はこれを「越えるべきハードル」と呼んでいます。

そのハードルとは「これが本当に自分のやりたいことなのだろうか?」という疑いの気持ちであり、不安な気持ちです。これは実際によく起こる感情です。

それまで自分のやりたいことをしっかりと追求する習慣がなかったために、急に自分がしていることに自信がなくなるのです。そして、

「自分のやりたいことを追求するなんて、そんなことをしていていいのだろうか?」

「自分には、やりたいことを追求する資格などないのではないか」

「やっぱり自分は、やりたいことを見つけられないのではないか」

このような迷いや不安に駆られるのです。

なぜ、こうした感情が起きてくるのでしょうか。

それは、これまで自分のやりたいことを追求する経験を十分にしてこなかったことが大きく影響しています。人は新しい経験をするとき、必ずといっていいほど、たとえようのない不安の感情に襲われるものです。

車の運転免許を取ろうとしたときのことを思い出してください。車に乗りたい、気軽にドライブしたい、好きなところに遠出をしたいなど、さまざまな夢を思い描いたことでしょう。

しかし一方で、免許を取得するために乗り越えなければならない実技や筆記試験のことなどに、一抹の不安を感じたはず。免許を取ったあとには、車の購入や事故への不安といったように、必ず何らかのマイナス感情がつきまとうものです。

自分の夢ややりたいことを追求するとき、その背後には必ずといっていいほど、行く手を阻む要因が顔を出してきます。結果として、必ず誰もが自信をなくしたり、不安になったり、前述のように切ない気持ちになったりするのです。

私も、そういう不安に何度か襲われてきました。今でも同じような不安に襲われることもあります。でもそのたびに、「これは自分が前に進めるかどうか試されているのだ」と考えるようにしています。

新しい何かを得ようとするときには、何度か不安や障害にぶつかるものです。そのたびに引き返していたら、その先に進むことはできません。今の自分のままでいたくなければ、ともかく状況を一気に変えることです。

自分のなかの後戻りしようとする自分に負けないでください。自分の幸せを邪魔しようとする自分をも乗り越えてください。

これは自分自身との闘いなのです。自分ができない理由を誰かや何かのせいにしている限り、進歩も発展もありません。

もし、不安な感情、好きなことを追求することをあきらめたいという気持ちに襲われたら、そのときは「ああ、前進できるかどうか試されているんだな」と思うようにしてください。

考え方のヒント

すべて自分の捉え方次第なのだから、不安に襲われても一歩前進できると捉えて、ともかく前に進もう！

6

ありのままの自分を受け入れる

やりたいことに没頭すれば、本来の実力が発揮できる人になれる。

自分のやりたいことを見つけたり、ライフワークとなるようなものを見つけることが、なぜ自分を好きになることにつながるのでしょうか。

当たり前のことですが、**やりたいことをしているとき、私たちはそのことに没頭し、我を忘れてのめり込んでしまう……いわば自然体に近い状態**でいられます。世間体のために何かをするのではなく、義務や責任のためにするわけでもありません。自分がただやりたいからやる……それが好きなことをやっているときの根っこにある心です。

ここで、没頭しているという言葉を使いましたが、「この没頭している」「我を忘れてのめり込む」ということは、実に素晴らしい精神状態。心の健康にとって、最高の栄養源になる状態なのです。

寝食を忘れるくらい没頭してしまうようなことをしているとき、私たちは何かに対して身構えることもありません。子供の頃、夢中で遊んでいたときのことを思い出してください。ときには親が心配しているかもしれないということすら考えなかったはずです。

まさに至福の時間。自然体とはそういう状態に限りなく近いのです。そして、**人間というのは、自然体でいる自分を一番受け入れやすい**ものなのです。

ディズニー映画『アナと雪の女王』の主題歌『Let It Go～ありのままで～』ではありませんが、「ありのままの自分を受け入れる」という言葉が一種のブームにもなりました。では、「ありのままの自分」って何でしょう。ありのままの自分とは、前述した自然体のことです。つまり、

「人からどう見られるかといったことに気を使うこともなく、失敗を極度に恐れることもない。ただ、それがしたいからする……という心理状態」

それが自然体ということです。ただ、ここで気をつけなくてはいけないのが、寝食を忘れて没頭していることが、実は自分の劣等感に突き動かされていたり、心の葛藤を助長するための行為だったりすることがある点です。

例えば、恋愛や過食などがそれに相当します。特に女性の場合、心の飢餓感を埋めようとするときに、恋愛に向かって暴走したり、食べることにのめり込んだり（摂食障害）するケースもあるのです。

寝食を忘れて没頭することは自然体へつながりますが、その背後に何があるのか、十分注意してください。

「寂しさを埋めるため」とか「～のために」といった損得のためではなく、ただやりたいから、楽しいからする……何事もこの「楽しさ」という動機が大切です。

では、話を元に戻しましょう。

私たちは自然体でいるときにこそ、自分の力を発揮しやすくなります。自然体でいるということは、リラックスしているということです。**リラックスしている、緊張をしていない……この状態こそ、自分の本来持っている力を発揮しやすい**のです。

そんなとき、「おっ、自分もなかなか捨てたもんじゃないなあ」などと思う瞬間があります。それが実は大切な瞬間です。その瞬間こそ、自分を自分で評価できる瞬間にほかならないのです。

考え方のヒント

「自分も捨てたもんじゃない」と思ったら、その瞬間を大切にしよう！

7

不安の原因は自己否定にあった

「できないことができた!」と感じたら、自分を大いに褒めてあげよう!

自分のことを**「すごいな」と感じたときは、自分を大いに褒めてあげてください。**自分を褒めるのに、何の遠慮もいりません。自分で自分を褒めることで誰かに迷惑をかけることもないのですから。

「こんな自分を褒めて、本当にいいのだろうか？」
「自分を褒めたって、それが一体何になるというのだろうか？」
「自分を褒めるなんて、今の自分には、きっと無理だろうな」

などと、もし思うようなら、それは無意識のうちに**自己ブレーキが作動しているのだと自覚してください。**

「自分のことが嫌いで自分に自信がない人が、自分を褒めようとすると、必ずといっていいほど、否定的な思考が行く手に立ちはだかる」

自己を否定してきた人が自己を肯定しようとすると、なんともいえない不安・違和感が生じてきて、ややもすれば自己肯定そのものをあきらめてしまいます。だからこそ、ここは１つのヤマ場といえるのです。

ヤマ場を越える努力をするより、今のままブレーキを踏み続けていたほうがラクだと思った瞬間、あなたのアクセルは消滅し、自分を好きになるための一歩が失われてしまうことになります。

自己否定をブレーキだとすれば、自己肯定や自己評価はアクセル。すべてはあなた自身の手に委ねられています。ブレーキを解除できるのもあなただし、アクセルを踏むのもあなたです。どちらを選ぶかは、あなたに託されているのです。

あなたがあなたというクルマの運転手である以上、ブレーキを踏むのもアクセルを踏むのも、あなたにしかできないことです。

アクセルを踏む前に、まず、思わず踏んでしまっているブレーキから足を外しましょう。ゆっくりと、怖がらずに、踏み込んでいるブレーキを緩めてみましょう。少しずつ「進む」ほうに力点を移していきましょう。

大丈夫です。何も難しく考える必要もなければ、怖がることもありません。そうです。自分を褒めるのに、一体誰に遠慮がいるというのでしょう。すべては自己完結するのですから。

「自分を評価するのに、誰にも文句を言われる筋合いはない」

これくらいの意気込みで、丁度いいのです。

パスカルが『パンセ』のなかで、「誰でもわが身が自分のすべてである」と述べています。そのとおりだと思います。続けて「そのために、自分は誰にとってもすべてだと思うようになる」とも、述べています。自己完結から逸脱していく姿をここにみることができます。なにもそこまで自己の存在を広げる必要はないと、私は考えています。

格言に「習うより慣れろ」というのがありますが、実に意味深長な言葉です。どういうふうに自分を褒めたらいいか習うより、とりあえず自分を褒めてみてください。そして褒めることに慣れてほしいと思います。慣れてしまえば、不安とも違和感ともおさらばできます。

考え方のヒント

自分を評価するのに遠慮なんかいらない。褒め慣れるまで、褒め続けてみよう！

8

「自分のことが好きな人」から、生き方を学ぶ

身のまわりにいる
「自分のことを好きな人」の行動と感情、
そして思考のパターンを観察すれば、
どうすればいいかが見えてくる。

自分のことを好きになる。自分に自信を持つ……そのような人になるために、お手本にできる人を探しませんか。まわりを見回してみると、「あの人は自分をしっかり持っているな」と思う人が何人かいるはずです。

では、実際に自分に肯定的な人というのは、どのようなフィーリングで生きていたり、どんな感覚で過ごしているのでしょうか。また、ものごとをどのように捉え、どのような感情で行動しているでしょうか。

自分を好きになれない人にとっては、自分を好きだという人の感覚がどのようなものなのか、ピンとこないと思います。

では自己実現している人の感覚、自分を好きな人、自分に自信を持っている人の感覚は、一体どのような感覚なのでしょうか。

自分のことが好きな人の感覚をひと言でいうと、それはとても落ち着いている感覚であり、リラックスしている感覚です。自分を好きな人は、自信を持っているケースが多く、それを当たり前だと受け止めているために、妙な高揚感みたいなものはほとんどありません。

例えば、剣豪をイメージしてみてください。実際には出会ったことがなくても、映画やテレビで見るような剣豪で結構です。じっと相手の出方を見定め、めったなことでは自ら攻撃をしかけるようなことはしません。つまり、環境に応じて臨機応変に対応し、無駄な動きをしないのです。そして、繰り出す手がいつも的確で、求められれば、周囲へのアドバイスも厭《いと》いません。

そういう人の心のあり方を、私はよく湖にたとえることがあります。**自分を好きな人の心というのは、非常に安定していて、静かな湖面のように穏やかな状態**を保っているのです。

自分のなかに葛藤があまりないために、よけいな緊張感がなく、エネルギーを葛藤の処理に費やすこともありません。だから、使わずにいたエネルギーを人間関係を円滑にするために使ったり、人脈を広げるのに使ったりできるのです。

なかには、自分のやりたいことを仕事にして、いきいきと働き、充実した生活を送ったり、次々と目標を達成していく人もいます。そこにはどこか余力さえ感じさせるものがあります。

逆に心に何らかの葛藤を抱えていると、ものごとや人を見る目を曇らせることが少なくありません。そのために、現実を正確に見ることができなくなり、本人は無意識であっても、わざわざ自分からトラブルを引き寄せるような言動をとっているように見えることもあります。

では、なぜ自分のことを好きな人は、ゆったりとして見えるのでしょうか。それは、ものごとの捉え方に幅と余裕があるからです。**大切なのは、ものごとを多面的に捉える習慣をつけること。ものの見方や考え方は1つではなく、人の数だけあると思っていい**のです。

ものごとを見るとき、「～でなければならない」とか「～であるべきだ」ではなく、「～という考え方もある」し「～のようにしてもいい」と思ってください。そういう捉え方を習慣にしていけば、きっと自分に無理を強いる度合いも低くなり、安定感が出てくるはずです。

考え方のヒント

ものの見方や考え方に幅を持とう。多面的に捉える習慣を身につければ、内面に安定感が出てくる。

第5章

葛藤を乗り越えて、心を軽くする感情の整え方

1

葛藤が強いと、感情的になりやすい

葛藤の感情（心のもつれ）を抱えていると、ものごとを正確に判断できなくなる。そんな葛藤にエネルギーを奪われないためには？

葛藤の感情（心のもつれ）を抱えていると、ものごとに対する判断や人の見方などが曇ることがあります。そのために、現実を正確に見ることができなくなり、わざわざ自分からトラブルを引き寄せるような言動をとってしまうことがあるのです。

また、葛藤によって現実をありのまま見ることができないために、「自分はこんなに努力しているのに、なぜうまくいかないのだろう」と思えてしまうことも多々あります。そして、なぜ自分ばかりが不運に見舞われ、他の人がそうでないのかが、見えなくなるのです。

これを解決するには、自分の抱えている葛藤の正体に気づき、その葛藤を解決するしかありません。

例えば、ちょっとしたトラブルが起きたとき、葛藤があることで、すぐに感情的になったり、心の安定感を乱されてしまいます。ところが、葛藤のない人は、ちょっとやそっとのトラブルでは、感情的にもならないし、心の安定感も簡単には乱されません。落ち着いているのです。

葛藤のある人がそんな平常心を保っている人の姿を見ると、なぜあんな不運があったのに、そんなに落ち着いていられるんだ？　腹が立たないのか？　と不思議に思ってしまいます。

しかし、葛藤のない人からしてみれば、逆に、なんであんなことであそこまで腹を立てるんだ？　どうしてあんなに感情的になったり混乱してしまったりするのだろう？　……そう見えてしまうのです。

まとめると、次のようになります。

①葛藤によって、ものごとが正確に見られなくなる。

②葛藤自体に莫大なエネルギーを取られてしまうため、ものごとに対応したり処理するエネルギーが残っていない。

何かトラブルが起きると、それがささいなことであっても、対応しきれないのは、この2つの要素が主因です。

本人としては、荒れた湖面を泳ぐのに必死で、どんなに小さな出来事であっても、それが自分に降りかかってくれば、まるで追い討ちをかけられているように感じてしまうのです。そして、とんでもないトラブルとして受け止めてしまうのです。

【克服事例】気を使うより頭を使おう

30代の女性のケースです。顧客から業務上のクレームを受けたことを、上司から「困るじゃないか」ときつく指摘されて、パニック状態になったという相談を受けたことがあります。

話によると、彼女はちょっとしたことで慌ててしまいがちで、そんな自分が嫌になって、落ち込むことが多いということでした。

そこで葛藤のない人とある人との違いを、まず説明しました。

葛藤のない人は、注意を受けたら、まずどのような種類のクレームなのか、いつ発生したのか、なぜ起きたのか……そうしたことを上司に相談して、詳しい情報を要求しつつ、いかに処理するかを一つ一つ考えます。責任問題はあるにせよ、自分を責めることがないので、感情的になりにくいのです。

一方、葛藤のある人は、心のもつれから「やはり自分はダメだ」と思ってしまうため、「ああ、またやってしまった」ということになり、頭が混乱して逃げ場がなくなり、つい感情的になってしまいます。

ですから、**状況によって気を使う場面と、頭を使ったほうがいい場面がある**ことを説明しました。

ここでのトラブル処理は、まず頭を使って処理の具体的な方法を考え、その後、謝りに行く気遣いを見せればいいのではないかと話しました。

その順番を混同したり、混乱するようなことがあると、トラブル処理の段取りが踏めなくなってしまうのです。

この提案は、彼女の腑に落ちるところがあったようで、まず頭を使うことを実践することで、かなり気が楽になったとのことでした。

心の葛藤は、他人の目には見えません。ですから、それがどんなに大きな葛藤であっても、他人には感じ取れません。しかし、当人にとっては、ものすごい負担を背負わされているのです。

そこにちょっとしたトラブルが加わってしまうと、「自分は必死にがんばっているのに、これ以上、なぜ大変な目に遭わなければいけないんだ！」と、荒れた湖面に溺れそうになっているかのごとく苦しみます。

ところが、そんな目に見えない葛藤や切羽詰まったメンタルの状態も、周囲の人たちからは、なかなか理解されません。

ですから、もし、プレッシャーに負けず、トラブルに強くなり、悩んでも立ちなおれる人間になるためには、自分のなかにある葛藤の正体を見極め、解決していくことが、遠回りのようでいて、実は一番の近道なのです。

そのためには、一旦、荒れた湖から離れて、湖面の荒れ具合を冷静に客観的に見極め、観察・分析する必要があります。そのためには、ものごとを多面的に見る捉え方や知恵が必要になります。

何事にも「明けない夜はない」「上がらない雨はない」というふうに前向きに考えて、冷静かつ客観的に自分を見つめなおすようにしたいものです。

考え方のヒント

葛藤を解決できれば、より強くなれるし、より能力を発揮できるようになる。

2

「好きか嫌いか」を判断の基準にしてもいい

「白か黒か」という二者択一の考え方では、
人生もメンタルも
窮屈なものになってしまう。

葛藤の大きな要因の1つである我慢……それを自らに強いる「我慢＝人生」のような生き方をしていると、心のなかに強い規範意識が生まれます。

こうした人は、「それはやってはいけない」「こうすべきである・べきでない」「こうあるのが当然だ」といった言葉を、無意識に心のなかで繰り返しています。

また、**「絶対」というような極端な言動をとりがちで、発想も白か黒か、ゼロか100かといった二者択一の考え方をします。**

なぜこのような言動や発想になるのでしょう。それは「正しいか正しくないか」という狭い判断基準でしか、ものごとを把握できなくなっているからです。つまり、知らず知らずのうちに捉え方が狭くなっているのです。

もう少し肩の力を抜き、脳をやわらかくリラックスさせてみましょう。そして、正しいか正しくないかという捉え方だけではなく、「好きか嫌いか」「合うか合わないか」も判断基準に加えてみましょう。

「正しいか正しくないかだけでなく、『好きか嫌いか』、そして『合うか合わないか』も捉え方に加えてみる」

考えてみてください。私たちが生きていくうえでの判断基準にしているものには、確かに「好きか嫌いか」「合うか合わないか」もあるはずです。

ところが、「正しいか正しくないか」ということのみを判断基準にしてしまうと、どうなるでしょうか。生きるのがつらくなるばかりか、怒りや嫉妬心まで大きくなってしまい、大きな葛藤の世界で苦しむことにもなりかねません。そして、窮屈な生活を自分に強いることにもつながります。

それでは絶えず不自由感がつきまとい、かえってものごとに行き詰まることが多くなります。

正しいと断言するものや正論にしても、実はいくらでも反論ができてしまいます。なぜなら、唯一絶対的に正しいことなど、そうそう存在しないからです。

あることがらについて、**正しいと思ったとしても、見方や角度を変えたり、違う価値観から見たりすれば、それは正しいとは言い切れなくなってしまう**かもしれません。視点が違えば、結論も違ってくるのです。

次のような事例があります。

【克服事例】柔軟性を磨いてみる

ＩＴ企業のマネージャーをしているＱさん（34歳男性）の話です。

Ｑさんは他のＩＴ企業から現在の会社に転職して4年目になります。1年前からマネージャーになりましたが、部下へのマネジメントがうまくいかず、そのストレスから会社を休みがちになってしまいました。

話を聞いてみると、彼が部下に伝えていることは、まったくもって筋が通っています。部下の報連相（報告・連絡・相談）の仕方、書類や企画書のつくり方、客先へのアプローチ方法など、その指示内容はとても的確でした。

ところが、部下の大半は、Ｑさんよりも前からその会社で働いているエンジニアたちです。あとから入ってきて上司になったＱさんに対して、どこか抵抗感や嫉妬心を覚えているようでした。

コミュニケーションやマネジメントは、職責や仕事の内容に限らず、お互いの関係性を考慮することも大切です。また正論は、ときとして人を不愉快にさせ、プライドを傷つけることもあります。「人を見て法を説け」という言葉もあるように、相手の性格・立場・考え方によって、働きかけ方には工夫が必要になります。Qさんは勤勉で、責任感も人一倍ある男性でしたが、その思いが空回りしているようでした。相手によって働きかけ方を柔軟に変えることが苦手なために、指示の内容は的確であっても、指示の仕方が適切ではなかったのです。

メンタルカウンセリングを通して、私との対話を積み重ねていくうちに、Qさんは**自分に柔軟性が欠けていることに気づきます。そこで、部下のパーソナリティや立場によって、働きかけ方を変えていくようにした**のです。

ねぎらいの言葉をまめに挟んだり、部下への感謝の気持ちを適宜伝えるようにしました。ときには自分だけで決めないで、部下にあえて相談し、その意見を取り入れるようにしました。つまり、**自分が正しいと確信する考えを押しつけるだけでなく、部下に合った働きかけ、部下が好むコミュニケーションを取り入れた**のです。

その結果、部下との関係は良くなり、以前よりもQさんの指示・命令が通るようになりました。

この事例は人間関係において「正しいか正しくないか」だけでなく、「好きか嫌いか」「合うか合わないか」が重要になる好例です。

私たちは、心の底から「好きだ」と思う感情、「合うな」と思う感情をもっと大切にしていけば、自分の気持ちに正直になることができます。そうなれば、少なくとも他人に嫉妬して、葛藤の渦に巻き込まれることはなくなるはずです。

正しいか正しくないかだけでものごとを判断するのではなく、好きか嫌いか、合うか合わないかという視点を、ぜひ大事にしてください。きっとそれが幸せな人生を呼び込むポイントになるはずです。

確固たる判断基準で、自分なりの判断をする習慣を身につけてほしいものです。それは必ずあなたの人生をより豊かにしてくれます。ゲーテもいっています。「折に臨んで判断力さえ欠けていなければ、記憶力が衰えても大したことではない」と……。

考え方のヒント

判断基準を自分自身に置けば、誰が何と言おうが判断は揺るがない。捉え方に幅を持たせてみよう！

3

自分を他人と比べない、そして自分の評価を下げない

人と比べてばかりいては、「自分は大した人間じゃない」というマイナスの人生で終わってしまう。

私のところにメンタルの相談に来る人のなかには、**「自分は何をするにも、他人と自分を比べ、その結果、劣等感や嫉妬心に苦しむ」**という人が意外に多くいます。

「何かしようと決めるのにも、自分の考えや自分というものがありません」

「自分自身を出すことに戸惑いや怖さを覚えて、思うように出せません」

と訴えます。

このように自分と他人を比較してしまうと、いつまで経っても自分自身の正確な能力評価ができないばかりか、自己肯定感や自己重要感も低いままです。なぜなら、**「〝自分は大した人間ではない〟と感じる自己重要感が低い人の場合、他人と比較すればするほど自分のほうが劣っていると感じる。その結果、自信をなくしたり落ち込んだりしてしまう」**

人と比べている限り、人との比較で自信をなくしたり自己評価が下がることはあっても、自信を深めたり自己評価を上げることは決してありません。仮に、そこで**他人に対し優越感を感じたとしても、それは相手を見下した感覚なので、本当の意味で自**

分を好きになったり、自分に自信を持ったり、自己評価を上げるということにはつながらないのです。つまり、

「人と自分を比べている限り、基本的には優越感か劣等感を感じるだけで、自己肯定感や自己重要感を感じることは少ない」

人と比べてばかりだと、自分より優れた人から学ぶことがなかなかできません。そして、人と比べてばかりいると、同じような人があなたのまわりに集まってしまいます。根底に優越感か劣等感を基準にしている人たちとの交友関係を続けていると、比べることから逃れられなくなるかもしれません。

人と自分を比べてばかりいては、自分をしっかり見つめることはできません。なぜなら、私たちは互いに理解し合う関係を築くことによって、自己理解を深めることができるからです。一方、他人と比較することは、人との間に上下関係しか築けなくなることにつながります。

大切なのは優越感や劣等感を感じることなく、信頼関係を結ぶことです。それは相

手の幸せや自己実現を応援すること、相手を信頼しようとする心的態度のこと。この心的態度を持って人と接するほど、心のふれあいを経験できるようになります。

さて、次に「自分というものがない」「自分を出せない」という悩みについてお話ししましょう。

自分を出せないということは、「自分を出す」ような機会、ありのままの感情を出す機会にあまり恵まれなかったことに起因します。自分のなかにあるさまざまな感情……喜び、悲しみ、甘え、不安、不満、怒り、迷い、感動などを表現するという経験はとても大切な経験です。

さまざまな**感情を共に分かち合ってもらえたか、あるいは受け入れてもらえたかということは、私たちのその後の感情表現に大きく影響を与える**ことになります。

特に怒り、不安や不満といったネガティブな感情を上手に表に出すことや自分のなかにあるネガティブな感情を自然に受け入れることも大切です。それができれば、ネガティブな感情を上手に表現できるようになります。

「自分を表現することによって、自分というものを理解できるようになり、自己を確立していくようになる。ゆえに、自己表現をする機会というのは、私たちにとって非常に重要な場にほかならない」

私がメンタル強化のセミナーなどでお伝えすることの1つは、自分のさまざまな感情を表現していくことが大切だということです。

カウンセリングでも相談者の内面にある感情や感覚を正確に言葉として表に出し、それを私がしっかりと受け止めることができれば、相談者は自分の感覚の確かさや危うさを確認・再認識していくことになります。そして、自分がどうすればいいのか、自ら考えて、その後の道筋を見つけていくようになるのです。私がカウンセリングなどで喜びを感じるのは、そういうときです。

自分の気持ちに気づき、自己肯定感を高める有効な方法の1つとして、**「セルフメールカウンセリング」を紹介しましょう。**

自分の今の気持ち、悩み、愚痴、怒りなど……つまり今、一番伝えたい、話したいことを誰かに向けて発信するようにメールに書きます。そして、そのメールを自分宛に送るのです。受信したメールは、3日〜1週間ほど開かないで保存します。

その後、開封して自分が数日前に書いたメールを読みます。そして、そのメールを十分に吟味してみてください。そうしたあとで、あなたが冷静にコメントする立場になったつもりで、自分の気持ちに共感し、アドバイスなどを書いてあげてください。

「会社の同僚との意思疎通がうまくいかない」→（数日後）→「直接声をかけてしゃべる機会をつくって、情報を共有していけば、少しずつ関係が変わるかもしれない」

「Yさんはすぐにへそを曲げるので、ほんとに困る！」→（数日後）→「Yさんは誰に対しても気分屋で有名だ。気持ちに余裕を持って接していこう」

……というように。数日から1週間、間を置くというのが大きなポイントです。数日置いて、自分の感情を読み返すと、そのときにはわからなかったことがわかったり、そのとき気がつかなかった感情が見えてきたりします。つまり、熱く混乱していた状態から抜け出し、「頭を冷やす」ことで新たな感情を発見できるのです。

考え方のヒント

自分宛にメールを送るセルフメールカウンセリングで、感情を数日間寝かせ、冷静に自己分析してみよう！

4

共感できる仲間と過ごす時間をつくる

葛藤のある人とない人では、
そもそも常識の世界が違う。
共感できる仲間との
楽しい時間を大切にしよう！

私たちは一人ひとり、感覚から価値観、ものの見方や考え方、好き嫌いまで十人十色でみんな違います。しかし、ある程度共感できる部分や似ている部分のある仲間と過ごすことは、私たちにとって喜びではないでしょうか。そういった仲間と一緒に過ごすことはとても有意義で楽しい時間です。

では、ここで価値観や考え方や好き嫌いといった尺度のほかに、もう1つの尺度を用いて、人や人間関係というものを考えてみましょう。それは「葛藤のある人と葛藤のない人」という尺度です。

ここで話す葛藤は、怒り、不満、嫉妬、孤独、不安といったネガティブな感情が非常に大きい状態を表します。そして、行動の選択や意思決定が、そのネガティブな感情に突き動かされるような人が葛藤のある人といえます。

葛藤のある人の常識というものは、実は、葛藤のない人の常識とはなかなか相容れないものです。両者は感覚的にもまったく別次元の世界に生きているようなものだからです。

では、それらの常識とは、どのようなものでしょうか。まとめると次のようになります。わかりやすくするために、少し極端に書いてみます。

「葛藤のない人の場合、基本的に人間は信頼できるもの、優しいもの、人間関係は楽しく温かいもの、人生は感動と感謝、そして喜びの多いものだという常識によってものごとを考え、行動する。

一方、葛藤のある人の場合は、人は信頼できない、敵意を胸に秘めているもの、人間関係は油断ならない苦痛に満ちた怖いもの、人生は生きれば生きるほどつらく、希望のないものだという常識を持っており、その常識を基準にしてものごとを考え、行動しがち」

ここで示した両者が、ある場面でコミュニケーションをとろうとします。これだけそれぞれの常識や感覚が違う人間同士ですから、コミュニケーションをはかるのがかなり難しいことは想像に難くないと思います。

いろいろな場面で話の食い違いが生じるでしょうし、思うように話が進まなかったり衝突したりすることが少なくないことでしょう。

あなたの過去の人間関係を振り返ってみてください。

「ああ、なぜかあの人とはどうしてもうまくいかなかったなあ」

そういう人が何人かいるはずです。

そういう人との人間関係を続けざるをえない場合、相手に合わせるか、あるところでは相手の気分を害さない程度にこちらのペースで考えるか……そのように工夫して付き合う必要があるでしょう。

あとは、可能であれば、そのような人とは接触しないようにすることも1つの方法です。上手に距離を置くということです。

人間関係はどんなときでもつきまとってきます。しがらみなどもあるでしょう。ですから、**できるだけ共感できる人との付き合いは大事にして、気持ち良い人間関係のあり方や状態を体に染み込ませる**ようにしてください。そうすれば、少々苦手な相手ともそれなりに付き合えるようになれるでしょう。

考え方のヒント

共感できる人と付き合って、気持ちの良い人間関係のあり方を体に染み込ませよう！

5

他人を変えるのは困難でも、自分は変えられる

葛藤の「ある人」と「ない人」。自分がどちらなのかを知れば、行動のパターンは変えられる。

葛藤のない人というのは、自分が気持ちいいか、楽しいか、嬉しいかといった動機を行動の選択基準の1つにします。一方、**葛藤のある人は、怒りや不満に突き動かされたり、不安や孤独感を回避したいという動機によって、自分の行動を選択**したり意思決定しがちです。

こうした両者が同じ場所・世界で生きているのですから、トラブルが起きることもあります。そうならないために、次の2つのことを知っておいてください。

「1つは人間関係で起きるすれ違いやトラブルの大きな原因の1つは、両者の感覚や常識がかけ離れているためだということ。もう1つはあなた自身がどちらのタイプの人間であるかを知ることで、自分の行動のパターンを変えるのに役立てることができるということ」

人間関係はさまざまな言動の積み重ねから成り立っています。交通量の多い交差点のようなものです。きちんと計算された信号機があれば交通事故はきわめて少なくなります。しかし、ゼロにはなりません。なぜなら、必ず思いのすれ違いが生じたり、感覚や常識の違いがあって、運転を誤ってしまうからです。

そこで、大切になるのはトラブルが起きやすい時間帯や状況をしっかりと把握しておくことです。そして、そのようなときには、危険地帯には近づかない、つまりトラブルを積極的に避けるようにしたり、トラブルが起きる可能性に対して十分注意することです。

もし、人間関係でうまくいかないなと思うのであれば、その理由や「自分が他人の目にどのように映っているか」について、勇気を持って耳を傾けてください。そして、思いあたる点があるのなら、やはり改善する必要があります。なぜなら、そのままではあなたが孤独になるからです。

他人を変えるのは難しいものですが、自分を変えることはできます。変わろうとする強い意志さえ持てばいいのですから……。

人は自分のことを知っているようで知らないもの。知らないということを知っておくことは、今後、自分を見つめるうえで大きく役立ちます。

どんなに経験を積んだ仕事でも、順風満帆の状態が続くわけではありません。さまざまな困難や障害に突き当たり、変化を強いられることもあります。それを乗り越え、前に進まねばなりません。そのためには経験から導き出されるさまざまな知恵と工夫が必要になりますが、**その第一歩が自分を知るということ**です。

自分の今の姿を正確に知ることで、ときにはとてもつらい思いをするかもしれません。しかし、そのつらい思いも一時のこと。楽しい面とつらい面の両方があってこそ、私たちの人生は豊かなものになるのではないでしょうか。

両方をできるだけ正確に知ることで、私たちは苦難を乗り越え、多くの人生の糧を得ることができます。それはあなたにとって、はかりしれないほど大きな財産になるに違いありません。

ときには知りたくない真実だってあります。その意味で、真実を知ろうとすることには勇気が必要です。何かを乗り越えるときに、たびたび出てくるテーマですが、ここでも未来を切り拓いていくためには「勇気を持つ」ことが求められるのです。

考え方のヒント

葛藤の多い自分を責めても何も生まれない。自分自身を正確に知る作業を通して自己実現を目指そう!

6

悩み始めると「笑い」が消える。それはなぜか？

どんなに悩んでいても
笑っていよう！
楽しいこと、心が明るくなることばかり
考えていよう！

私たちは何かに悩み始めると、そのことだけに心をとらわれて、本来見るべきものが見えなくなったり、感じ取れるものが感じられなくなったりします。

そこで質問です。悩んでいる人の生活から最も失われるものって、一体何だと思いますか。ズバリ、それは「笑い」です。笑いのある生活です。

悩み始めると、笑いが日常の生活から消えてしまうのです。つまり、私たちは悩み始めると笑わなくなる……そんなの当たり前じゃないか。そう思うかもしれません。

でも、厳密にいうと、**悩むことと笑えなくなることは、全然関係がない**のです。うつ病などの心の病気でなければ、悩みながらでも、私たちは笑うことができます。試しにやってみてください。笑ってみてください。ほら、笑えるはずです。にっこりと……。

ですから、**悩んでいるから笑えなくなったのではないんです。笑おうと思えば笑えるのです。**笑おうと「思えば」……。つまり、笑おうとしていないのです。

いつも笑顔が絶えない人がいます。そういう人は、笑えることがまわりで起きるから笑っているわけではありません。**笑えるような生き方をしているから、笑えるのです。心が明るくなること、温かくなることをいつも考えているから、人は笑える**わけ

です。つまり、

「悩んでいるから笑えないのではない。その人が笑えるようなことを考えていない、心が明るくなることを考えようとしていないから、笑えなくなっている」

ブスっとしているのは、ブスっとしたくなることを考えているから。落ち込んでしまうのは、落ち込んでしまうようなことを考えているから。人は何を思い考えているかで、人生が全然違ってくるのです。

実際、笑いにはいろいろな効用があるといわれています。

- **笑いが多いと、心身ともに健康になります。**
- **笑いが多いと、脳が活性化して、肯定的な思考になってきます。**
- **笑いが多いと、アイデアが生まれやすくなります。**
- **笑いが多いと、性格も明るくなって、悩みにくくなります。**
- **笑いが多いと、楽しい仲間が集まってきます。**

・笑いが多いと、人生が楽しくなります。
・笑いが多いと、自分が幸せだと思えるようになってきます。

笑いを多くするためには、笑えることや面白いことを、いつも考えるようにすればいいのです。そのためのコツは「自分とまわりの人が笑える（楽しくなる）ことって、一体何だろう……？」というふうに、常に考えてみることです。

そんなことを考えていると、悩みたくても悩めなくなります。なぜならば、私たちは一度に２つの違うことを考えられないからです。

遊び心を持って人生を歩んでください。まず、楽しいこと面白そうなことを考えるところから始めましょう。それは「智恵を持って生きる」ことにほかなりません。

考え方のヒント

まわりの人が笑えること、楽しくなることを考えてみよう。笑いが落ち込んだあなたを助けてくれる。

7

感情を整理するために、自分を笑い飛ばしてみる

人は幸せになるために生まれてきた。
愛と笑いを振りまいて、
楽しく生きることを目指そう！

私たちは誰でも、幸せになるために生まれてきているのです。生まれてくる前にそのように神様と約束をして、この世に送り出されてきたのです。

「いいかい？　君自身と君のまわりの人たちに、愛と笑いを振りまいてくるのだよ」

そういう約束をして、この世に送り出されてきたのでしょう。ですから、**自分自身とまわりの人たちを幸せにするために、自分は一体何ができるのかということを考えていくのが人生**なのです。そして、そのためにできることを、自分なりに楽しんでやっていくことが生きるということだと思います。

あなたは、今の自分はそんな人生からほど遠いと思っているかもしれません。そういう人こそ、まわりの人たちが明るくなるような、笑顔になるような接し方を心がけてみましょう。

どうしても笑えない、まわりを笑わせてあげられないのであれば、そんな自分自身を笑い飛ばしてください。人は笑おうと思えば、どんなことだって笑えます。その結果、心の状態がどんどん良い方向に向いていきます。だから笑いはすごいのです！

人生には「遊び心」が必要です。

いつも自分を、そして他人を笑わせようとか、面白いことをして楽しもうとか、そう考え続ける遊び心も持ってください。

よく「笑う門には福来る」といいますが、この言葉の意味は、ものすごく奥が深いのです。私は「笑い」というのは、救いの神様だと思っています。

また、私は目の前で楽しそうに笑っている人を見るたびに、「この人は神様だ」とも思ってしまいます。**まるで天上から神様が舞い降りてきて、この世の中を明るくするために笑いというものを振りまいている**ように見えます。

「人が笑っているときは、その人に笑いの神様、福の神様が降りてきたときかもしれない」

この地球上の生き物のなかで笑うことができるのは私たち人間だけだといいます。ということは、私たちの感情、メンタルは他の動物よりも神様に近いところにいるのではないでしょうか。**笑うことで神様に近づく。笑うことで神様との約束を一つ一つ果たしている**……私はそう考えています。

あなたは今日何回笑いましたか。一日のうちに、笑った時間はどれくらいありましたか。面白いことを考えた時間はどのくらいでしたか。一日24時間、笑ったり面白いことや楽しいことを考える時間は十分にあるのです。

苦虫をつぶしたような顔で、自分や他人に接していませんか。一日に何度か、鏡に映る自分の姿をチェックしてみてください。そして、「あ～、これじゃあダメだ」と思ったら、まず、楽しかったこと、これから起こる面白いことなどを思い浮かべてみてください。きっと、苦虫のままではいられなくなるはずです。

とはいうものの、いつも楽しく笑っていられるわけではありません。気持ちが沈んでどうにもならないときもあります。そんなとき、私もまだまだなあと思ってしまいます。しかし一方で、そんな自分を笑い飛ばしたいと思っているのも確かです。

考え方のヒント

笑えないときでも、そんな自分を笑い飛ばしてみよう。笑いのネタはどこにだって転がっているのだから！

8

我慢できる人と我慢できない人の差は？

我慢ばかり自分に強いると、心の余裕が失われる。ときには我慢を手放して生きてみよう！

自分のやりたいことをやりたいようにやることは、自分の人生を楽しむためにはとても大切なことです。

その一方で、あまり気は進まないが、自分の役割やまわりの人のことを考えて、我慢してやらなければならないことも少なくありません。そこに葛藤というメンタルのもつれが生じますが、それをコントロールするのが大人の対応です。

この場合、我慢するときの私たちの気持ちのなかには、責任感というものが働いています。自分の役割上の責任を考えて、やるべきか否かを判断しているわけです。

ところが、**我慢の限界には個人差があります。同じようなことであっても、我慢できる人と我慢できない人がいる**のです。

同じことでも、我慢ができる人と我慢ができない人がいるのは、忍耐力に差があるということです。

「実は、忍耐力がないように見える人のなかには、たくさんの忍耐をしてきた人がいる。一見あまり我慢強くないと思える人ほど、実は、人よりもたくさんの我慢をしてて

きている場合がある」

どういうことなのか説明しましょう。

例えば、小さい頃から、なかば無理やり我慢することを自分に強制してきた人がいます。自分のやりたいことも日常的にずっと我慢している状態であるために、いつも我慢の限界のような状態にあります。もうすでにクタクタの精神状態になっているのです。

そんな人に何かトラブルが起きると、

「こんなにずっと我慢ばかりして大変なのに、どうしてまた、自分がこれ以上の我慢を強いられなければならないのか」

と思い、突然切れてしまいます。対応できる余力が残っていないため、他の人よりも忍耐力がないように見えてしまうのです。

私たち人間は、**自分のやりたいことが十二分にできているからこそ、ここぞというときに我慢ができる**という側面を持っています。また、やりたいことをするために、やりたくないことを我慢してやることだってあります。

ところが自分に我慢ばかりを強要してきた人は、やりたいことをする機会もなく、ただただ我慢することが生きる目的になってしまっている状態だといえます。本人はそんなつもりではなくても、朝起きたら、まず何かを我慢することから一日がスタートするような人生になってしまっているのです。

あなたが自分のやりたいことをやろうとしたとき、次のように言われたことはありませんか。

「自分のやりたいことをやるのは、単なるわがままにすぎない」
「世の中そんなに甘くない」
「みんな我慢してやっていることだから、我慢しなさい」
「誰でも同じように、当たり前にやっていることだ」
「やりたいことばかりやってないで、やるべきことをやりなさい」

もちろん、この言葉一つ一つは正しいことです。

ただ、正論だけに、私たちは返す言葉がありません。黙って従うしかないのです。

自分のやりたいこと、言いたいことをグッと我慢するしかなくなってしまいます。

そして、我慢しすぎることは、大きな副作用をもたらします。つまり、我慢ばかりしていると、だんだんひねくれてくるのです。

その結果、**あまり我慢をせずに自分の思いどおりに生きている、あるいは思いどおりに生きようとする人間を見ると、無性に腹が立ってきて、やがてそういう人間に嫉妬する**気持ちが出てくることもあります。人の幸せや感動的な話に、素直に喜んであげたり、感動したりできなくなってしまいます。

ですから、イライラしやすい人、人の幸せが面白くないと感じる人、ゴシップ好きの人などは要注意です。それは、ずっと我慢ばかりする人生を送ってきたことが原因かもしれません。そんな自分を変えるためには、ときには我慢を手放すことも必要なのです。

考え方のヒント

我慢をしすぎて苦しくなり、それでひねくれてしまうくらいなら、我慢を手放す生き方を選んでみよう。